子どもが育つ
サッカー指導の
「秘訣」!!

教育学×コーチング学の
ハイブリッド・マニュアル

[編著]

菊原志郎
鈴木直樹、菊原伸郎、安部久貴、鈴木一成

大学教育出版

は じ め に

　2019（令和元）年の11月に国際ゲームセンス学会が開催されました。その学会実施をきっかけとして、本書の中心執筆者の協働がスタートしました。幼少期から私と共にサッカーを続けてきた弟で、埼玉大学でサッカーのコーチング学を担当している弟の菊原伸郎氏、北海道教育大学岩見沢校で、スポーツ心理学を担当し、サッカー部の監督をしている安部久貴氏といったサッカーの競技に関わり、コーチングを研究している研究者、そして、東京学芸大学で体育科教育学を担当し、ボール運動・球技の授業づくりを研究している鈴木直樹氏、愛知教育大学で体育科教育学を担当し、サッカーの競技経験者でもあり、ボール運動・球技の授業づくりに精通している鈴木一成氏といったサッカーを教材として体育の授業づくりを研究している研究者と共に、サッカー指導についての思いや願いを語る中で、本書の構想が生まれました。

　私達の思いは共通しており、サッカーを通して、子どものより良い成長を支えたいというものでした。そして、これまでの学校での体育指導や少年スポーツとしてのサッカー指導の成果や課題を喧々囂々、語り合い、教育学とコーチング学という垣根をこえて、学際的な指導のアイデアを構想し、それを発信していくことを決めました。そして、「子どもが育つサッカー指導の『秘訣』！！〜教育学×コーチング学のハイブリッド・マニュアル〜」とタイトルをつけて、書籍づくりを進めてきました。

　現在、ゲームを通して学ぶアプローチがコーチングやティーチングの場面で広く活用されています。これは、「ゲームはゲームの中でうまくなる」という考え方のもと、良質のゲームと指導者の良質の働きかけによって促される学びといって良いと思います。しかしながら、公式のルールに則ってゲームを行えば良いわけではなく、子どものレベルに応じてゲームを改善する必要があります。このゲームの改善指導で多くの教師やコーチが失敗してしまい、良質の学びの保証ができていない状況もあるように思います。そこで、本書は、サッ

カーを指導する人が、どのようにゲームを改善すれば良いかを具体的に提示し、指導者の支援となるように構成しています。また、ゲームをどのように観察し、プレイヤーにどのようにフィードバックを与えれば良いのかといった指導の秘訣を指南する書となっています。

　ところで、私が選手の頃に比べて、サッカーの指導法はとても進歩していると思います。私自身もサッカー選手を引退後、日本の指導者養成に関わり、サッカー先進国や日本の指導法を分析・研究して、子どもたちに必要な指導法の確立に努力してきました。長年の多くの指導者の努力により、日本での指導法が良くなったことで、近年では海外で活躍する若い選手が増え、育成年代も含めた日本代表チームも世界の大会で好成績を収めることができるようになっています。

　サッカーではレベルが上がってくると、技術や身体能力が高く、判断の早い選手が増えます。能力が高い選手は、常に状況を把握して、相手を上回るプレーを考えてくるので、その度にベンチから監督が指示を出すことは難しく、たとえ監督の指示が選手に届いたとしても、そのときにはすでにそのプレーは終わっています。そのため現代のスピーディーなサッカーの中では、選手自らが状況を素早く把握し、瞬時に適切にプレーすることが必要です。サッカーでは、味方や相手の位置、ボールが動き、常に状況が変わり続けるので、状況の変化を予測し、状況に応じた適切な判断が求められます。そのためには、常に広い視野を持ち、観察力を高めることが大切です。このような戦術的な意思決定をしてプレーできる子どもを育て、世界の選手達と対等に戦える選手を育てるためには、結果より過程、内容により重きをおいた指導をしなければなりません。

　そして、チームスポーツでは、個人ひとりでできることは限られているので、お互いに協力する必要性を理解し、仲間と喜びを共有することが大切です。私は子どもの頃は人の気持ちを考えて行動することはできなかったと思います。自分がいいプレーすることばかり考えていて、仲間はやりにくいこともあったと思います。しかし15歳でプロ選手になった時、一番うまかったジョージ選手やラモス選手から仲間を大切にすることを学び、初めて人のため

にプレーすることを覚えたおかげで、選手として大きくレベルアップできたと感じています。このように人を大切にすることで、相手からも自分が大切にされ、お互いにいい関係の仲間が増えると、いいプレーが増え、日々の活動が楽しくなると思います。

　さらに、努力することも大切です。努力によってできることが増え、試合で成功するプレーが増えると喜びや自信につながります。そして、失敗することも大切です。私は、多くの失敗からたくさんのことを学びました。試合やプレーを振り返り、次への準備を繰り返すことで成長が促進され、失敗から学ぶ習慣がついたと思います。そのおかげで、先入観を持たず、柔軟に思考することができるようになり、自分が変化していく大きな機会を得たように感じます。

　私の父は、私に志を持って生きてほしいという思いから、名前に志の文字を入れました。志を見つけるために、まずは様々なことに真剣にチャレンジしてみること、そして、その中で夢中になれるものや自分に合っているものが見つかるといいと思います。志すものが見つかったら、集中してとことんやってみる、すぐに飽きたり、簡単に諦めたりせず、継続していくことが大切だと思います。

　そして、結果にこだわりすぎず、一喜一憂しすぎずに、常に前向きにサッカーをプレーしていってほしいと願っています。本書を手がかりとし、サッカーの面白さを享受し、笑顔あふれるサッカープレーヤーたちがフィールドいっぱいに広がることを願っています。

　　2021（令和3）年5月

編者代表　菊原　志郎

子どもが育つサッカー指導の「秘訣」！！
―教育学×コーチング学のハイブリッド・マニュアル―

目　次

第Ⅲ部　指導のヒント編

第Ⅰ部

理　論　編

第 1 章
サッカーの楽しさ・喜びの源泉

（鈴木 一成）

1. なぜカズは 54 歳になっても現役を続けられるのか

（1） サッカーへの想い

　「Jリーグの監督も 50 代が少なくなってきて、40 代がだいぶ増えています
よね。そういう年齢だし、自然なことだと思いますけど、僕は単純というか純
粋にサッカーが大好きなんです。それもサッカーを見ることや自分が指導する
ことよりも、やはりプレーすることが一番好きで、そういう情熱が衰えないん
です」とは、三浦知良選手のダイヤモンドオンラインでの語りです。

　「サッカーが大好き」という言葉が印象的です。菊原（1999（平成 11）年）

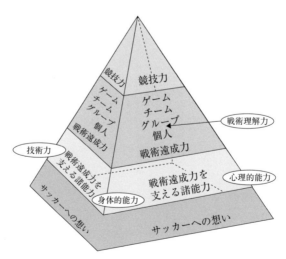

図 1-1　サッカーの競技力を構成する要因（菊原、1999）

は、サッカーの競技力を構成する要因を図1-1に示しています。

　サッカーの競技力を根底で支えているのが「サッカーへの想い」です。これについて菊原（2010（平成22）年）は「建造物の個性というのはつくった人物の個性にかかっている。技術ではなく"思い"にかかっている」という建築家の安藤氏の言葉を引用して、説明しています。カズの「サッカーが大好き」は、「サッカーへの想い」そのものだといえます。そして、「プレーすることが一番好き」なのは、きっとプレーでしか味わえない楽しさや喜びがあるのではないかと思います。

（2）　サッカーへの想いが重なる「競技」も「体育授業」も

　菊原（2010（平成22）年）は、「チームの力とは、そのチームの一人一人の競技力の融合により生まれる力であり、単に各個人の能力の合算ではない。時に集団スポーツのチーム力は、チーム内の人間関係や考え方の違いから、各々の能力以上にも以下にもなる。ただし、その結果には必ず根拠があり、指導者もプレーヤーもその根拠を改善することを目指していく。チーム力は各個人の『サッカーへの想い』が重なり、その上で戦術達成力を支える諸能力が層をなし、競技力として試合で発揮される個人・グループ・チームの戦術達成力の精度で構成されている」と述べています。

　サッカーへの想いが重なることは子どもたちにもありそうです。私は体育の時間に決まって子どもたちに尋ねてきたことがあります。その一つが「強いチームって、どういうチーム？」という問いです。最初は、「サッカー部がいるチームが強い」といった一目置く個人が属するチームを答えます。しかし、個人の力だけでは勝てなかったり、かえってチームがギクシャクしてしまうことも訪れます。試行錯誤を幾度も重ねてたどり着く子どもたちの考えは、表現こそ違いますがその主旨は同じです。それは、強いチームとは「考えていることがいっしょのチーム」です。

　「力と力と力を足して（＋）大きな力になる（協力）」と漢字の成り立ちを用いて学習カードに感想を書いたり、チーム力を計算式で「1＋1＝3」と表現したりする子どももいました。なかには「1＋1＝∞」という記述もありました。

もちろん、その逆もありました。「1 + 1 = 0、1 + 1 = −1」です。子どもたちはプロサッカー選手ではないですが、サッカーへの想いが重なるようなことがあるようです。

2.　なぜ、「カズ」は 47 歳になっても当時を忘れないのか

（1）　サッカーとの出会い方

　私も浜松市篠原町の「カズ」と呼ばれていました。私がサッカーを始めたのは小学校 4 年生。親友のノブくんがサッカー部に入ったからでした。毎日、ノブくんの後を追っていたら結果、毎日休まず部活に通っていました。ある日、顧問の袴田先生がノブくんと私を連絡係に任命してくださいました。その仕事は、昇降口にある黒板の予定表に練習の有無を示す「○・×」を記入するというものでした。とてもうれしくて、はりきって練習しましたが、練習試合も公式戦も一度も出場することはありませんでした。しかし、小学校最後の大会、ラスト 5 分だけ出場させてもらえました。走り回ってオフサイドに 8 回もかかってしまいました。ラスト 1 分だったと思います。目の前に急にボールが現れて、私は顔面を強打して倒れてしまいました。誰が起こしてくれたのか分かりませんが、私の肩をつかみ左右に揺すって「やった！　やった！」という声が聞こえました。次第にチームのみんなが集まってくれて、もみくちゃにされました。ふと視界に飛び込んできたのは、ボールが相手ゴールに入っていることでした。決勝点でした。自分がしたことでこんなにみんなが喜んでくれた経験は生まれて初めてでした。もちろん、狙ってできたわけではなく、全くの偶然。それでもとてもうれしかったです。

　私は小学校卒業後も、中学校、高校、大学とサッカー部に入部して、今も大学授業や部活動でサッカーに携わっています。改めて、その原点をたぐり寄せてみると、これらの小学校期の経験に行き着きます。

（2）　多様なサッカーとの出会い―「十人十色」のその先は…―

　私がそうであるように、読者の皆様もきっといろいろなサッカーとの出会いがあり、それぞれのエピソードがあると思います。まさに、十人十色です。みんな違ってみんないい。金子みすゞの詩にもあります。この十人十色は、夏目漱石の『吾輩は猫である』にも登場します。夏目漱石の執筆した時代は明治時代。全員に体を鍛え精神を磨くことを求めた「十人一色」の時代にあって「十人十色」という考えは、現在の教育理念である個性尊重にも通じる新たな考え方だったと思います。多様なサッカーとの出会いは、10人いれば10通りのサッカーの楽しさ・喜びを認めることになります。

　例えば、「サッカーの楽しさ・喜びは得点を入れることである」とする考えがあります。この考え方は、唯一絶対のサッカーの楽しさ・喜びを示すとすれば、それは「十人一色」となります。サッカーの楽しさ・喜びを一元化するものです。しかし、子どもたちにとってのサッカーは、この楽しさ・喜び以外にも、例えば、「相手をかわす瞬間が楽しい」とか「パスがつながるとうれしい」といった感想を子どもたちから聞くことができます。

　ところが、この「十人十色」は、個人内での一元化する考えになっています。私の幼少期のエピソードには、「ノブくんと一緒にいること・連絡係になったこと・みんなが喜んでくれたこと」といった、個人内に多元的にサッカーの楽しさ・喜びが存在しています。これは「一人」の中に「十色」がある、「一人十色」です。人生100年時代にあって、その時々のライフステージにおいて、サッカーの楽しさ・喜びが個人内で多様になるということは、豊かなサッカー人生といえます。サッカーへの変わらぬ想いは、多様なサッカーの楽しさ・喜びに出会うことで、ますますサッカーが好きになっていくことになると思います。では、子どもにとっての多様なサッカーの楽しさ・喜びとはどのようなものでしょうか。

3.　子どもにとってのサッカーとは？

（1）　子どもにとってのサッカーとは遊びそのものである

　子どもにとってのサッカーは、遊びそのものです。その遊びは楽しいものです。

　カイヨワ（1970）はその遊びの分類を行いました。遊ぶ人の欲求や願望などの心理的態度あるいは他に還元できない本質的衝動を基にした遊びの分類です。

> ①　アゴン（agon）人為的に平等のチャンス・ルールが設定されたはっきりした境界の内部で、一定の資質を競う「競争」の遊び。
> ②　アレア（alea）アゴンとは正反対に、遊ぶ人の力がまったく及ばない決定（運・偶然）に身を任せて行われる遊び。
> ③　ミミクリー（mimicry）自分の人格を一時的に忘れ、偽り、捨て、別の人格を装う模倣、変身の遊び
> ④　イリンクス（ilinx）一時的に知覚の安定を崩し、一種の心地よいパニックを引き起こそうとする試みを内容とする遊び。

　カイヨワは、これらの遊びは、パイディア（自由できまりや名前すらもたない段階）とルドゥス（組織化、制度化され、厳密なルールの中で緊張を求める段階）へと発展していくことを示しています。

　子どもたちにとってのサッカーも、いろいろな「競争の遊び」があります。得点という結果の競争だけではなく、ボールを奪い合う競争もあります。「運・偶然の遊び」も、手ではなく足でのボール操作によってその世界が広がります。思い通りにいかないことは、思い通りにいくことでは味わえない世界があります。「模倣・変身の遊び」もいろいろです。憧れのサッカー選手になりきってドリブルしたり、得点後のポーズを真似したりします。「目まいの遊び」は、例えば、オーバーヘッドキックやダイビングヘッドは、シュートが決まることも楽しいですが、自分の身体が回転したりダイブしたりするときに一時的な知覚の安定が崩れる心地よい目まいが楽しい動きです。つまり、子どもにとっ

てのサッカーは、遊びそのものであるがゆえに、楽しいものです。この楽しさは、これら4つの遊びがもつ面白さにふれていると考えます。特に、自分とボールとの関係では、相手との「競争の遊び」に先立ち、「運・偶然」「模倣・変身」や「目まい」といった楽しさとも出会えます。

（2）　サッカーへの働きかけ

　サッカーをしたいからサッカーをする。遊びたいから遊ぶ。子どもたちにとってのサッカーの楽しさや喜びを考えるときに、この考えはとても大切です。つまり、サッカーをすることが何かの手段になっていないことです。何かの手段となれば、それはすでに遊びではなくなっていまします。

　　運動には「効果的特性」「構造的特性」「機能的特性」があります。

---

① 「効果的特性」とは、その運動が心身の発達に与える効果に着目した特性です。
② 「構造的特性」とは、その運動が成り立っている形式や技術の仕組みに着目した特性です。
③ 「機能的特性」とは、その運動がそれを行う人にとってどのような欲求や必要を充足する機能をもっているかに着目した特性です。

　どの特性に基づくかによって、サッカーの捉え方も変わります。例えば、サッカーという運動を用いて、持久力を高めるという場合は「効果的特性」です。また、サッカーのドリブルやシュートといった技術を中心にしたスキルを高めるという場合は「構造的特性」となります。いずれも、サッカーは何かを得るための手段として位置づきます。そのため、サッカーしたいからサッカーするという子どものサッカーからは遠ざかります。

　一方で、子どもたちからみてサッカーの楽しさや喜びとは何かを考えた場合、サッカーは何かの手段ではなく目的としてとらえるのが「機能的特性」です。鈴木（2013（平成25）年）は、「運動を手段ではなく目的として捉え、その運動自体を学ぶ学び手によってその運動との関係性を再構成していくような、その運動とのかかわり方が重要でとなってくる」と述べています。さらに「学び手はその運動の『機能的特性』を求め、その運動への学びを自発的・自

主的に深め、拡げていくことで運動とのかかわりをより豊かなものへとしていくことができる」としています。

　これらの特性は、体育の授業づくりの一般的な考え方です。しかし、この特性に着目する捉え方は、体育のみの閉鎖的で特権的なフレームではないと考えます。とりわけ、「機能的特性」は、子どもたちにとってのサッカーの楽しさや喜びの源泉を探る視点となります。この「機能的特性」は、先に述べたカイヨワによる遊びの分類に影響を受けた考え方です。また、宇土（1987（昭和62）年）は「機能的特性」を「挑戦欲求に基づくもの」と「模倣・変身の欲求に基づくもの」に整理しています。

　この「機能的特性」から、子どもにとってのサッカーの楽しさや喜びの源泉を探るときには留意点があります。例えば、サッカーは集団対集団で勝ち負けを競い合うから「挑戦欲求」である、という限定化することへの留意です。つまり、子どもにとってのサッカーを「挑戦欲求」に押し込めないということです。例えば、憧れのサッカー選手がシュートを決めた後のパフォーマンスを模倣する子どもたちもいます。「私のドリブル、かっこいいでしょ！」と自ら実況中継を加えながらプレーするとき、イマジネーションの世界の中での創作活動は自由で気ままでとても楽しそうです。また、ジグザクコースで滑らかにドリブルしたり、気持ちよくパスをしたりする姿もあります。これらは、「挑戦欲求」とは言いにくく、「模倣・変身の欲求」に基づくものであるといえます。先のカイヨワの分類であげた例と同様ですし、「一人十色」の考えにも通じます。松田（2001（平成13）年）が「機能的特性」による運動について「それぞれの運動の『おもしろさ』を捉えるための『窓』のようなもの」としています。まさに、子どもたちにとってのサッカーの楽しさや喜びの源泉を探る「窓」となります。

（3）　サッカーからの働きかけ

　ここまでは子どもたちがサッカーに働きかけています。しかし、そのベクトルが反対に向くことがあります。サッカーから働きかけるということです。松田（2001）は「ボールがあるとそのボールに誘いかけられ、自然と『けりたく』

なってしまう。そして、そこにゴール（ねらうまと）があれば、その中にけり
こみたくなってしまう。そのことが『ボールけり』や『シュート遊び』を生み、
その遊びのルールがさらに洗練化され仲間とのかかわりが複雑になっていくこ
とで結局のところサッカーまで発展していくことになるということである」と
言います。これは「『他者』や『モノ』が遊び手や遊び道具として私に誘いか
けてくるその性質の問題」であり、この特徴は、「運動種目としてある程度組
織化される前の、いわば『運動』遊びがもつ特徴である」としています。

　また、バランスボールやスポンジボール、よく弾むボール、空気を抜いた
ペコペコのボールなど、いろいろなボールを止めたり蹴ったりする運動（遊
び）では、そのボールから働きかけられる動きの面白さは異なります。その違
いに気付くことが感化的な動きの面白さを拡げることになると思います。鈴木
（2013（平成25）年）は「感覚的特性」としています。

　子どもにとってのサッカーの楽しさ・喜びの源泉を探る「窓」には、「働き
かけられておもしろい」という点も見逃せません。サッカーしたくなる環境づ
くりがポイントになります。

（4）　子どもにとってのサッカーには、つらくて苦しいサッカーは存在しないか

　「子どもにとってのサッカーは遊びである。その遊びは楽しいものである」
と述べてきました。では、つらくて苦しいサッカーは子どもの遊びには存在し
ないのでしょうか。子どもにとってのサッカーも、当然ですがうまくいくこと
ばかりではありません。それでも遊びをやめない子どもたちに出会います。杉
原（2014（平成26）年）は「一生懸命取り組んでいるのに思うようにいかな
い、情けなくてつらい。にもかかわらず、強制されたわけでもないのにそれを
やると自分で決めて、つらく苦しい思いを我慢してやり遂げた時、強烈な自己
決定と有能感が得られる」としています。そして、「つらい苦しいといった感
情を全く良くないものと否定してしまうのではなく、時には遊びのなかでつら
い苦しいことに挑戦する経験をもつことも認めていくことが大切になってく
る」としています。むしろ、できてしまうことはつまらないことで、なかなか
できないことにこそ、夢中になれるサッカーの楽しさがあると考えます。そし

て、つらく苦しいといった側面も全くないとはならない分、サッカーの喜びが増すのは、真っ暗闇の夜を過ごすと朝日がまぶしくなるのと同様です。

（5）　かかわりの中にあるサッカーの楽しさ・喜びの源泉

　子どもたちは「見てて！ 見て！」といってシュートします。このことは、これまでみてきたサッカーそのものが遊びとしてもつ要素や特性とは違い、社会的なかかわり方を学ぶ機会となっています。

　杉原（2014）は、社会的動機づけが満足される楽しさをあげ、「競争意識は親や指導者などの周りの大人の影響を大きく受ける。そのため、周りの大人が勝ち負けや上手下手を強調すると、競争意識の高い負けず嫌いの子どもになるので、注意が必要である」としています。かかわりの中で育まれるサッカーの楽しさ・喜びは、社会的なかかわり方の源泉にもなってくるといえます。

　先の私のエピソードは、友達と一緒にサッカーしたいという親和動機であったといえます。その動機は、サッカーの中で育まれていきます。最初の動機よりも強化されたといえます。より友達と一緒に仲良く協力したいと思うとか、もっと褒められたいといったものです。楽しさや喜びの源泉になっていくことにもなります。とりわけ、サッカーは足でボール操作することからも、他の球技ほど、たくさん得点が入りにくいのが特徴です。そして、ゲームではめまぐるしく攻防が展開されます。その中で一つのプレーは、偶然だろうが必然だろ

社会的動機づけが満足される楽しさ

・承認動機：指導者や親や仲間に褒められる

・親和動機：友達と一緒に仲良く協力して運動する

・優越動機：競争して勝つ

・顕示動機：人から注目される・目立つ

・獲得動機：ご褒美をもらう

・支配動機：自分の意見が受け入れられる

・救護動機：人から励まされ支援される

・養護動機：人を援助し助ける

・攻撃動機：ルールに従って相手を攻撃する

うが、必ず関係性の中で生じます。幸運にも、小学校時代に決勝点を決めることができたのは、自分の力によるものではなく、むしろ仲間のプレーがあったからでした。得点は偶然だったからです。それでも、これまでサッカーで人の役に立てた経験がない自分にとっては皆から喜ばれる経験は貴重でした。

「支えてもらう存在・支えようとする存在」は、常にサッカーのゲームの中で往還していきます。もちろん、最初は、一緒にいてくれる仲間がいて、自分の気持ちや感情を分かってくれている仲間を知り、自分の味方になってほしいという「支えてもらう存在」かもしれません。それでも、思いもよらないことで相手に喜んでもらえたり、自分も仲間のためになりたい、そのためにも人の気持ちを分かろうとしたりして、共に生きる関係性を学んでいくと考えます。

サッカーは、人から励まされ支援されたいという「救護動機」と、人を援助し助けたいという「養護動機」を往還することで、単なる依存ではなく、「支えてもらう存在・支えようとする存在」という相互依存の関係を学ぶといえま

す。「考えていることがいっしょのチーム」を強いチームとした子どもたちにとって、こうした「貢献」もサッカーの楽しさ・喜びの源泉だといえます。他チームとの競争や自チーム内での連係といった対人的な交流は、相手がいて初めて味わえる楽しさや喜びです。この対人的な交流の経験は、他者とのかかわりを学ぶ機会となります。

　かかわりの中でのサッカーは、ピッチ以外にもあります。前ページの写真は「日本代表のロッカールーム」です。アジアカップ UAE2019・決勝戦が 2 月 1 日に行われ、日本代表はカタール代表に 1-3 で敗れました。試合後、アジアカップの公式 Twitter が、日本代表のロッカールームが綺麗に掃除されていたことと、メッセージが残されていた様子を伝えていました。

　「支えてもらう存在・支えようとする存在」はピッチ以外にも存在することを、こうしたピッチ以外の物語から、子どもたちがサッカーには、こうした関わり合いがあることを知ることにもなります。これはとても貴重なことだと思います。

4．サッカーの楽しさ・喜びの源泉と学びの輪郭

　梅澤（2016（平成 28）年）は、身体的リテラシーとスポーツ・身体活動の関係を図 1-2 のように示しています。身体的リテラシーとは「生涯にわたり身体活動を親しむために必要な動機、自信、身体的コンピテンシー、知識ならびに身体活動に関わる責任と価値の理解（Whitehead, 2016）」として、「運動やスポーツの価値」、資質・能力における「学びに向かう力」、体育科の目標である「豊かなスポーツライフ」などと近い概念だといえるとしています。この整理は、少年サッカーをはじめとするスポーツクラブや運動部活動は競技関連能力の育成を目指し、体育や自由遊びは身体的リテラシーの育成を目指すというものです。

　確かに、少年サッカーは、そのチームでサッカーがしたい者が集まり、「大会主催者が採用するルール下でのゲーム」で競争します。一方で体育は、そのチームでサッカーがしたい者ばかりではなく、むしろサッカーがしたくない

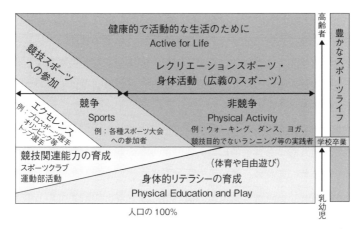

図1-2　身体的リテラシーとスポーツ・身体活動の関係（梅澤、2016）

者も集まるという意味では、同じ活動の場の中でより異質な者同士が「自分たちのゲーム」の面白さを探究します。そう考えると、少年サッカーと体育での学びの輪郭には差異があります。しかし、共通点も多く見いだすことができます。例えば、サッカーが育む身体的リテラシーは、先の定義に照らしてみる

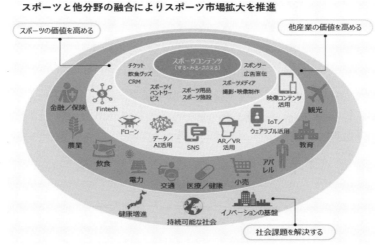

図1-3　新たなスポーツビジネス創出に向けた市場動向（スポーツ庁、2019）

と、「生涯にわたりサッカーを親しむために必要な動機、自信、身体的コンピテンシー、知識ならびにサッカーに関わる責任と価値の理解」といえます。これらは競技関連能力の育成には必要不可欠な要素であると考えます。現役を続けることができるカズの「サッカーが大好き」という言葉にも裏打ちされているように思います。

　そして子どもたちがサッカーを続けていく過程において、サッカーと他分野の融合が、個人的にも社会的にもあるサッカーの楽しさ・喜びの新たな源泉を掘り当てることになれば、サッカーの楽しさ・喜びが新たに沸き上がることが期待できます。サッカーと他分野の融合は、サッカーの価値そのものを高めたり、他産業の価値を高めたり、拡がるその先は社会課題を解決することにもなり得ます。例えば、サッカーを続ける理由。それが「世の中を平和にしたい」といった大きなミッションにつながる可能性があります。このことは、まだまだ私たちが掘り当てていないサッカーの楽しさ・喜びの源泉があるということになります。

引用参考文献

ダイヤモンドオンライン https://diamond.jp/articles/-/190925?page=2（2019.6.23 閲覧）。

ロジェ・カイヨワ：清水幾太郎 他訳『遊びと人間』岩波書店（1970）

菊原伸郎『筑波大学蹴球部のチーム力向上を目指して』筑波大学運動学研究、(1999) 第 15 巻、pp.97-107.

菊原伸郎『囲碁とサッカーの融合 ― 世代・地域を越えて楽しめるアイテムの創出と活用 ―』埼玉大学紀要 59 (1)（2010）pp.101-105.

松田恵示・山本俊彦『「かかわり」を大切にした小学校体育の 365 日』教育出版（2001）

スポーツ庁（2019）https://sports.go.jp/tag/business/it.html（2019.6.23 閲覧）

杉原隆『幼児期における運動発達と運動遊びの指導 ― 遊びのなかで子どもは育つ』ミネルヴァ書房（2014）

鈴木直樹・梅澤秋久・鈴木聡・松本大輔『学び手の視点から創る小学校の体育授業』大学教育出版（2013）

アジアカップ公式 Twitter https://twitter.com/i/events/1091691729860751362（2019.6.23 閲覧）。

宇土正彦編『小学校 新しい体育の考え方進め方』大修館書店（1987）

梅澤秋久『体育科における現状と課題、これからの時代に求められる資質・能力を育成するための体育科学習指導の研究』日本教材文化研究財団（2016）p.23.

第**2**章
サッカーを通して獲得させるもの

（菊原　伸郎）

1. 社会で求められる人材

　これからの時代をリードしていく今の子どもたちが、学校教育を通して育んでほしい力とは何か、私たち教員は常に考えています。特に日本には少子化の問題があります。この問題に対し教員は子どもたちの力を総合的な視点をもって育む必要性を感じながら授業を行っています。わが国が求める社会人基礎力について経済産業省（2006（平成 18）年）は、次のように 3 つの能力と 12 の能力要素を明示、リフレクション（振り返り）も含め統合的にバランスよく育むことを提唱しています。

　社会人基礎力の 3 つの能力ついて経済産業省は、「前に踏み出す力（アクション）」「考え抜く力（シンキング）」「チームで働く力（チームワーク）」（図 2-1）

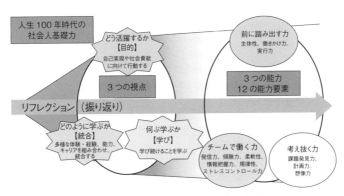

図 2-1　人生 100 年時代の社会人基礎力
経済産業省 HP より抜粋

と定義づけています。国は個人の企業・組織・社会の関わりの中で活躍し続ける社会人になる若者に対して、社会に出るまでに備えてほしい「基礎力」とは何かを明確に示し、求めていることがわかります。これらの力の獲得は、将来社会人になる子どもたちに対し国が求めているだけでなく、保護者にとっても、子どもが自立し自律できる大人に成長し、人に迷惑をかけず社会で役に立つことができる大人になることが期待できます。

2. 体育やスポーツ活動を通して伸ばせる子どもたちの力とは

　ここでは、社会人基礎力の3つの能力と体育やスポーツ活動との関係性について考えていきたいと思います。社会人基礎力について整理してみましょう。

① 「前に踏み出す力」

　一歩前に踏み出し、失敗しても、粘り強く取り組む力として「主体性」「働きかけ力」「実行力」を要素に構成している。指示待ちにならず、一人称で物事を捉え、自ら行動できるようになる力。

② 「考え抜く力」

　疑問を持ち考え抜く力として「課題発見力」「計画力」「創造力」に分類し構成されている。通常「考える」とは論理性などの要素が取上げられがちであるが、社会人基礎力においては、決まった答えを導き出すこと以上に、自ら課題提起し、解決のためのシナリオを描く、自律的な思考力。

③ 「チームで働く力」

　多様な考え方を持つ人と共に目標に向かって協力する力と捉え、「発信力」「傾聴力」「柔軟性」「情況把握力」「規律性」「ストレスコントロール力」の要素で構成されている。ここでは、グループ内の協調性に留まらず、多様な考え方を持つ人とのつながりや協働を生み出す力。

　つまり、社会が本当に求める人材は、必ずしもアカデミックな専門性、技術、資格等の「技術・技能」を持っていることだけではないことが理解できます。むしろ、子どもたちが将来働く社会では、積極性、実行力、柔軟性、思考力などの「内面的な性質」をより重視していると認識を改めることにより、子

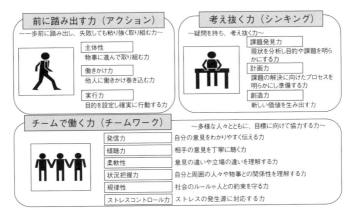

図2-2　「社会人基礎力の定義」
経済産業省 HP より抜粋

どもたちへの接し方、話し方を大人が変えていくことが求められていると考え、行動をする必要がありそうです。スポーツにおけるコーチングの基本的な理念と目的に、「スポーツを通し、人としての心と身体の成長を促すこと」が掲げられます。スポーツ指導に関わる私たち大人は、子どもたちの目の前の結果（現象）だけにとらわれるのではなく、社会が求める人材を育てているという自覚と高い意識を持って、スポーツ指導を通じて幅広く理論の活用を心がけていきましょう。

3.　サッカーの活動を通して伸ばせる子どもの力とは

　菊原（2016（平成28）年）は、子どもたちの社会人基礎力を伸ばすためにサッカーは教育効果の高いツールであると述べています。前述した社会人基礎力の養成にサッカーが適している点は、特に情報収集する力と状況に応じて判断し実行していく力にあると考えられています。しかしながら、体育授業のサッカーを指導する教師の多くが、サッカーを専門にプレーしてきた経験がない現状があり、児童がいつ何をどのようにすることが正しいプレーであるのかについて、不安を抱えて指導している教師から相談を受けることが多くありま

す。このような悩みを抱えている方には、「サッカーの活動を通してあなたは子どもたちにどのような力を育みたいですか？」と、問いかけることにしています。

　プレーヤーはサッカーの活動中、ボールを基本的に足で操作します。そのため、手でボールを扱う種目と異なり、ボール保持者は周辺の情報収集をすることが難しくなることを指導者は理解しておく必要があります。特に体育授業のサッカーにおいては、ボール操作に不安を抱える子どもたちが多くいることから、次にできそうなこと、やりたいチームプレーを常に意識させる言葉がけをしていくことをお勧めします。その理由は、ボール操作の技術発揮にミスは付きものであるからです。サッカーの経験が少ない児童・生徒やプレーヤーには、まず、技術発揮のミスを恐れさせない指導が必要になります。誰にとっても難しい技術発揮を繰り返すサッカーにおいて、基礎基本の技術の習得を目指すと同時に、技術的なミスを恐れず仲間と目的達成を目指してプレーする楽しさを感じさせることが大切になります。ボール操作に不安を抱える子どもたちにとっても、目的を一致させて仲間と協力して行うサッカーには、すでに教育的価値が存在しているからです。

　前述した「社会人基礎力」の３つの内容と合致するスポーツはいくつも存在していますが、「サッカー」は特に「ボール」と「情況を把握」する場所に若干の角度がついているため、この２つの情報を常に同時に収集し把握し続けることが難しいスポーツです。実は、この「難しさ」の中に子どもたちの社会人基礎力を育む要素が盛り込まれていると考えています。子どもたちがみんなでサッカーに夢中に取り組んでいる時には、ボールを思い切りキックすることが楽しいこともありますが、ボールを持たない時に子どもたちが自ら考え行動することに夢中になっていると考えてみると、サッカーで養う力が何か見えてくると思います。次に「Four plus One メソッド」（以下、「４＋１メソッド」）を紹介します。

（1）「Four plus One メソッド」の概要

　菊原（2016）が提唱するコーチング技法の一つである「４＋１メソッド」は、ボールゲームで特に効果を発揮します。この考え方はサッカーをはじめとするボールゲームの指導法から派生し、戦略的・戦術的思考を伴う全ての競技の指導に生かせるだけでなく、スポーツ活動を離れた後の社会生活の中でも活用することができる指導法です。この「４＋１メソッド」は、運動・スポーツ指導の中で体を動かす（運動量の確保）ことだけに終わらず、プレーヤーの五感を通じて集めた情報からより良いプレーを選択する思考力を刺激することがポイントになります。指導者の言葉がけによってプレーヤーは、個人・グループ・チームの最終目的（ゴール）にたどりつくための最善のルートを自ら探り、チームメイトと主体的に目的地を目指す助けになります。これからの運動やスポーツ活動の指導においては、型や技術を獲得させるだけの指導では過不足が生じてきます。サッカーのゲーム情況は刻一刻と変わり続けますので、指導者はその状況下でプレーヤー自身が「柔軟かつ意志を持った情況判断ができる」力の獲得に向かったコーチングの言葉が必要になるのではないでしょうか。この「４＋１メソッド」を体得することによって、プレーヤーの思考回路がこれまでの「やらされる」受動型に導かれた行動から、その状況に応じた最善手を考え決断し実行する、主体的な能動型の行動へとプレーヤーが変わっていくことが期待できます。

（2）「Four plus One メソッド」の構造

　「４＋１メソッド」の仕組みを簡単に紹介していきます。まず、一連のプレイを、「工程別」「構造別」に４段階に分けます。これは「観る」「探す」「選ぶ」「試す」の４つのステップになります。最後に、成功・失敗のいかんに関わらず、この「４つのステップ」の結果を、客観的に本人とチームメイトで瞬時に振り返ります。

■4ステップ：「観る」「探る」「選ぶ」「試す」

　前述の通り、「4＋1メソッド」の基本は、ボールを持たない状態からボールを受け、リリースするまでの一連の動き（4つの構造）になります。これは、ステップ①「観る」、ステップ②「探す」、ステップ③「選ぶ」、ステップ④「試す」の順になります。最初のステップは、状況をよりよく「観る」ことによって情報を把握することです。「視覚の力をフル回転させ、見るべきポイントをしっかり見つけていく」行為になります。ここでは「見る」ではなく、あえて意図を持って「観る」としてあります。サッカーにおいてプレーヤーは、状況を漠然と「見る」のではなく、自らの周辺から遠くのプレーヤーや空間を、目的意識を持って情報収集していくことがポイントになります。この「観る」時間で抑えるべき対象については、「チームメイト、相手、空間、ボール、ゴール」になりますが、特に意識を高めたいことは「境界線」になります。視覚によって得られた情報は、瞬時に解析し処理する作業が連続して行われます。そのため、プレーヤーが集めるべき情報は量も重要になりますが、質を求めていくことが指導者には必要になると考えます。

　ステップ②は「探す」力です。サッカーのプレーの流れで考えていきますと、自分にボールが近づいてきた時に感度を上げていく必要が出てきます。事前に「観る」で集めた状況把握に基づき、その時の時間帯、点差、場面などの条件に応じて「次にやれそうなこと」を見つけておきます。この「やれそうなこと」を探すのは、あくまでもプレーヤー本人になります。プレーヤー自身が、的確に状況を認識し、目標までの道程を「探る」のです。本来、サッカーの"究極の攻め方"は"ゴールへ向かって、前へ前へとボールをつなぎ、シュートする"ことです。この最もシンプルなプレーを実現するためにプレーヤーは自ら「どうしたらいいのか」と、思考力だけでなく洞察力と想像力をフルに回転させ、そのプレーヤーならではの攻略法を見つけだします。

　ステップ③は「選ぶ」です。直前に「探った」複数の選択肢の中から、一番いいと感じたものを選びます。これは「流れに任せて」や「なんとなく」とい

う、曖昧な判断とは異なります。ここで必要なことは、迷いなき決断を支える、プレーのセオリーを整理しておくことです。プレーの優先順位などの基礎基本の理論を理解できているプレーヤーは「正しい選択」と「間違った選択」を瞬時にできるようになります。ステップ③の「選ぶ」においてプレーヤーは自信をもって迷わず決めて実行することが大切です。なお、「指導者に言われたとおりに動くプレーヤー」は、急なプレイ環境の変化に適応することができません。プレーするレベルが上がる程、プレーヤーは瞬間的な判断が求められ続けます。そのような状況下では、指導者の指示を仰ぐ時間的な余裕はプレーヤーにはありません。論理的に状況を判断できるプレーヤーは、自分で考え自律した動きができるようになります。

　ステップ④は「試す」になります。ステップ③で主体的に「選んだ」道を、プレーヤーは具体的なアクションとしてやり遂げることになります。この最終段階の選択は、身体的・技術的な精度や熟練度が課題になるわけではありません。ここではプレーヤー自身の「心の強さ」とも大きく関わってきます。「迷いはどこにあったのか」「苦手意識はまだあるのか」「相手のプレッシャーは強かったのか」など、まさに、自ら獲得した技術と精神の戦いが、プレーヤーの中で葛藤する素晴らしい瞬間になります。サッカーの場合、特にシュートチャンスにおいて結果が左右される場面になります。プレーヤーが自らシュートを選択し打ったのであれば、その結果「ノーゴール」だったとしても、素晴らしい瞬間となるからです。プレーヤーは、その結果に責任を持ち、次の機会でも恐れずにプレーできるようになっていれば、そのアクションは貴重なシュートチャンスを逃さなかった判断と決断の成功体験であり、シュートが決まらなかった技術的な失敗体験として蓄積され、次の成功（ゴールを決めること）が期待できることでしょう。

■プラス ワン（1）＝「振り返る」

　最後は「プラス ワン（1）」＝「振り返る」について説明します。ゲームやトレーニングにおいて、直前に行ったプレーの結果を瞬時に分析し、次に生

かすために行います。振り返りにおいては、特に成功した時よりも失敗した時に行うことが有効になります。ここで大切なことは、起こった現象に左右されることなく原因を追求することが重要になります。プレーヤーが「4つのステップ」を前提に、起こった現象の原因が、「いつ・どこで・誰が・何を・どうしたのか」を瞬時に振り返ることで、同じような状況下での判断ミスが減る思考プロセスが習慣化されていきます。プレーヤーは失敗したプレイの問題がなぜ起きたのかが徐々に明確となり、チームメイトに対して建設的な言葉がけ（コーチング）をする際の質が向上していきます。チームメイトへの言葉がけの質を上げていくために教師や指導者は、プレーヤーがミスを起こした時に「ボール保持者の状況はどうだった？」「もっといい選択肢はなかったか？」「相手はどことどこにいたかな？」と発問をすることで、プレーヤーの「逆算力」が付いてきます。そのコーチングによりプレーヤーは失敗したプレーの因果関係がみえてくるようになるだけでなく、ミスの原因が判断のミスであったのか、技術発揮のミスであったのかまでわかるようになってきます。プレーヤーは次第に、この4つのステップを頭の中で直感的にできるようになります。た

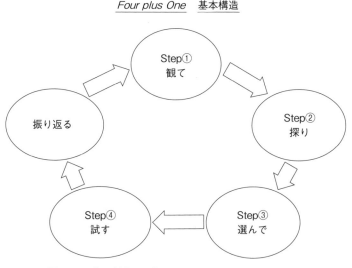

Four plus One 　基本構造

図2-3　菊原伸郎の『4＋1 メソッド』の基本構造

だ、やみくもにメニューをトレーニングさせるだけの教師や指導者と、「4＋1メソッド」を用いてプレーヤーにプレー結果の原因を考え分析させるコーチングができる教師や指導者の指導を受けたプレーヤーとでは、最終的に獲得する力が格段に違ってきます。トライしてください。

　教師や指導者、そして保護者の方々が子どもたちの将来に対して期待を持ちながらも、結果が出ていない現状に対して漠然と不安を抱いていることを耳にすることがよくあります。また、子どもに可能性があると感じているが、「何をどうすればいいのか分からない」と感じている話も耳にすることがあります。この問題については、永遠になくならないものと捉え、指導において子どもに考えさせ自ら答えを導き出せるコーチングをトライし続ける信念を持つことが大切になってきます。このような状況では、子どもたちにサッカーを自主的・主体的に楽しませてみることが効果的になります。サッカーのプレーを通じて目標と結果を結ぶ「回路のつなぎ方」を体得する価値を思い浮かべてみてください。その不安は瞬時に応援と変化していきます。子どもにかける言葉を発問形式に変え、教師や指導者が子どもに共感する中でトライする道を示すことが指導において大切なことであり、その成果はいつか子どもが自主的・主体的に物事を解決しなければならない時に力を発揮できる人になると信じて取り組んでみてはいかがでしょうか。

　ここまで説明してきたように、教師や指導者が行うコーチングの言葉がけや振る舞いを変えることによって、サッカーのプレーを通じて子どもたちを社会に求められる人材に育てることにつながっていると思うとワクワクしてきませんか。「4＋1メソッド」の効果を日常の指導で意識して取り組むことによって、プレーヤーは認知・判断力が向上しそれまで以上に技術を発揮する際の実行時に好影響をもたらすことつながります。一人ひとりの精神性や人間力に関して、子どものサッカーのプレイに対して、的確なコーチングが成果を出せると感じ知ることができれば、サッカーの指導は楽しいものに変わってくるはずです。つまり、「4＋1メソッド」が目指す究極の目標は、『個々のインディペンデント・マインド』を育むことに他なりません。想定外の状況に身を置くことになった場合に人は、状況を打破するために、自らのたくましい身体と

しなやかな思考を駆使して最善の答えを導き行動したいと考えるものではない
でしょうか。「4＋1メソッド」では、一人ひとりの内面（ファンダメンタル）
の諸能力に対して、スポーツ活動、特にサッカー活動を通して向上させてい
くことを目的にしています。昨今、教育や社会活動において大人は、子どもた
ちの責任感、適応力、行動力を磨き、鍛えることが急務とされています。これ
から要望に応える手段の一つとしてコーチング理論（「4＋1メソッド」など）
を積極的に教育とスポーツの指導現場で活用していくことで、「コーチング＝
勝つため」という固定概念を取り払い、「コーチング＝より良く生きるため」
と認識を改め、子どもたちの社会人基礎力の向上にサッカー活動の時間が寄与
できると考えを改めていきましょう。子どもたちのサッカー活動の充実は、子
どもたちの未来を変え、我々の身近な将来の社会を変える可能性が隠されてい
るのです。これから社会で活躍していく子どもたちが、サッカーを通じて、よ
りたくましく、よりしなやかな人間性を育み、人生を豊かに歩んでいくことを
サポートする気持ちで指導していきましょう。

第**3**章
サッカーってどんなゲームなの？
― サッカーの解剖学！？ ―

（安部　久貴）

1. サッカーの専門知識としての「プレーの原則」

　サッカーのゲームでは状況は刻々と変化しており、その中で的確な判断をすることは容易なことではありません。しかしながら、サッカーの状況判断に関連した先行研究を概観すると、サッカーの熟練度が上がるほど状況判断がより的確になり、そして状況判断の的確さはサッカーをプレーすることによって習得した専門的知識量の増加と関連していると考えられます（安部、 2010（平成22）年）。

　では、サッカーをプレーすることによって習得される専門的な知識とはどのようなものでしょうか。ワシントン（Worthington）(1980)は、サッカープレーヤーの状況認識の発達についての検討を通じて、3 vs 3の状況下において一人ひとりのプレーヤーに課せられる役割を、「プレーの原則」としてまとめています。そして、3 vs 3で学習した「プレーの原則」に関する知識は、11 vs 11のゲームにおいても転用可能であると述べています。その理由の詳細については後述しますが、3人のプレーヤーによって形成される三角形が常に厚みと幅を有するため、3人がサッカーの機能的なグループ戦術の最小単位であると考えられているからです（瀧井、1995（平成7）年）。

　そこで本章では、サッカーをプレーすることによって習得される専門的な知識の中核として、3 vs 3の状況下における「プレーの原則」を位置づけ、その内容についてワシントン（1980）や瀧井（1995）の記述を参考に説明していきます。

2.「プレーの原則」

（1）【攻撃の第一原則】突破 ── ファースト・アタッカーの役割 ──

　ボールを保持、もしくは保持しようとしている選手のことをファースト・ア
タッカー（以降：1stAT）といいます。ボールを保持する 1stAT の役割は突
破です。ここでの突破とは、相手守備陣の背後にボールを運ぶことを意味して
います。サッカーは相手のゴールにボールを入れた回数を競うスポーツなの
で、突破の究極の役割は最後尾の相手守備者（多くの場合はゴールキーパー）
の背後のスペースにボールを運ぶこと、つまりゴールにボールを入れて得点を
奪うことだと考えることができます。しかし、得点とはあくまでも結果である
ため、得点を奪うための具体的な行為として、シュートをすることが 1stAT
の役割の第一優先事項になります。また、シュートをゴールへのパスだと解釈
すれば、1stAT よりも前方のプレーヤーもしくはスペースにパスをすること
も突破として捉えることができます。

　突破の考え方の 2 番目はドリブルです。1stAT に対して守備を行う選手の
ことをファースト・ディフェンダー（以降：1stDF）といいますが、1stAT
がドリブルを用いて 1stDF を抜いて、その背後のスペースにボールを運ぶこ
とができれば、突破の考え方の第一優先事項であるゴールへのシュートや前方
へのパスをすることが可能になります。そのため、相手守備陣は 1stAT によ
るシュートやパスを防ぐために守備陣形を変更する必要性に迫られます。この
ドリブルによる突破に対応するための守備陣形の変更によって生じるマークの
ずれによって、瞬間的に攻撃側に数的優位な状況が生まれ、コンビネーション
プレーを成功させやすい状況を作ることができます。

（2）【守備の第一原則】遅延 ── ファースト・ディフェンダーの役割 ──

　次に、守備の原則を考えるにあたって、1stDF の役割について考えていき
たいと思います。1stDF の役割として最も重要なことは、味方の守備陣形を
整える時間を作るために、相手の攻撃を遅らせることです。そのためには、ま

ず、1stAT に 1stDF である自分自身の背後にボールを運ばれないように、つまり抜かれないようにしなければなりません。加えて、1stDF の背後にパスを通されても相手の攻撃を遅らせることはできないため、自分自身の背後のスペースにいる相手選手に対して 1stAT がパスをするのも防がなければなりません。

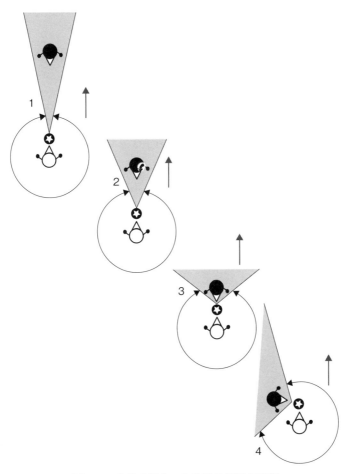

図3-1　守備の間合いと攻撃の制限の関係

　守備の第一原則である遅延を行い、自らの後方の守備陣形が整ってはじめて
1stDF は 1stAT の攻撃を制限することを考えます。1stAT の攻撃を制限す
るためには、1stDF が 1stAT との間合いを詰めることが有効です（図3-1）。
なぜなら、図3-1で示したように「1」→「2」→「3」とボール保持者である
1stAT と 1stDF との距離が縮まるにつれて、1stDF は後方のスペースへの
パスコースを狭める、つまり 1stAT のパスによる突破を制限することができ
るからです。そして、1stAT との距離を縮めてパスによる突破を制限するこ
とは、1stAT がドリブルによって突破を図ることの予測につながることから、
1stDF が単独もしくは、後方にいる守備選手と協力して 1stAT からボールを
奪うことが可能になります。

　間合いをコントロールして 1stAT の攻撃を制限するために、実際のプレー
中では 1stDF は 1stAT にアプローチするスピードに気をつけなければなりま
せん。なぜなら、アプローチのスピードが速すぎて 1stAT との距離が近くな
りすぎるとドリブルで抜かれてしまうリスクが高くなる一方で、アプローチ
のスピードが遅い場合は、距離が遠くなり 1stDF の背後にパスを通されてし
まうリスクが高くなるためです。また、アプローチの角度についても注意を払
う必要があります。図3-1の「1」「2」「3」のように 1stDF が 1stAT の正面
に立ってしまうと、1stAT は左右どちらにも攻撃することが可能ですが、「4」
のように 1stDF が 1stAT の片側からアプローチをして、1stAT を逆方向に
誘導する（ジョッキーともいわれる）ことができれば（図3-1では左側から
アプローチしているため、右方向への誘導が可能）、味方の守備選手は 1stAT
の次のプレーを予測しやすくなるため、先述したように 1stDF と協力して
1stAT からボールを奪うことが可能になります。

（3）【攻撃の第二原則】攻撃の厚みと幅 ― セカンド・アタッカーの役割 ―
　1stAT の最も近くにいて攻撃のサポートをしている選手のことをセカンド・
アタッカー（以降：2ndAT）といいます。グループとしてボールを安全に保
持するためにも、2ndAT にはまず 1stAT の後方で 1stAT の突破をサポート
する最適なポジションを見つけることが望まれます。このように、1stAT の

突破を後方からサポートする 2ndAT の役割を攻撃の厚みといいます。攻撃の厚みを形成しておくことによって、ボールを安全に保持するために必要な後方へのパスコースを確保できるだけでなく、仮に 1stAT がドリブルによる突破に失敗した場合、後方からサポートする 2ndAT は、ただちに 1stDF になって相手の攻撃を遅らせる役割を担うことができます（攻撃の厚み＝守備の厚み、図 3-2 参照）。

　2ndAT のもう一つの役割は、攻撃の幅を生み出すことです。攻撃に幅がもたらされることによるメリットは、1stDF の背後のスペースのカバーリングをしながら 2ndAT のマークもしているセカンド・ディフェンダー（以降：

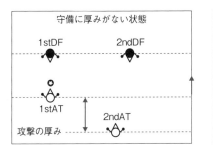
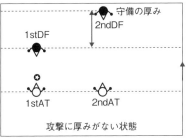

図 3-2　攻撃の厚みと守備の厚み

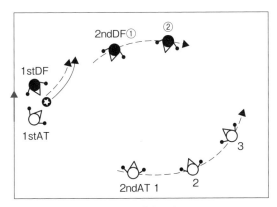

図 3-3　攻撃の幅

2ndDF) のポジショニングの判断を誤らせる可能性を増大させることです。
もし、2ndAT が 1stAT の後方からパスコースを維持しながら幅をとる動き
をした場合、つまり図 3-3 に示すように 1stAT に対して「1」から「3」へ
と横方向に離れる動きをした場合、2ndDF は 1stDF の背後のスペースのカ
バーリングを優先すべきか（図 3-3 の「①」にポジションをとるか）、それと
も 2ndAT のマークを優先すべきか（図 3-3 の「②」にポジションをとるか）
選択を迫られます。この際、2ndDF がカバーリングを優先させた場合（図 3-
3「①」）は、幅をとる動きをした 2ndAT（図 3-3「3」）はプレッシャーを受
けずにパスを受けることができ、1stAT としてシュートやパス、ドリブルと
いった攻撃の第一原則である突破をしやすい状況を作り出すことができます。
また 2ndDF が 2ndAT のマークを優先させて 1stDF から離れた位置に移動
した場合（図 3-3「②」）には、1stAT が 1stDF を突破した際の 1stDF の背
後のスペースのカバーリングが難しくなります。そのため、2ndAT が攻撃の
幅を生み出すことによって、2ndDF のその時々における最適なポジショニン
グの判断をミスリードさせることができます。ただし、2ndAT は幅をもたせ
る際には、ボール保持者である 1stAT の状況を確認しておく必要があります。
なぜなら、攻撃の幅をとることは 2ndAT が 1stAT から離れることを意味し
ているため、幅をとりすぎると 2ndAT の重要な役割である攻撃の厚みの機能
を失ってしまい、1stAT がボールを失った際のカバーリングに後れが生じる
可能性があるからです。

（4）【守備の第二原則】守備の厚み —セカンド・ディフェンダーの役割—

　2ndDF の重要な役割は、1stAT の突破に備えて 1stDF の背後のスペー
スをカバーリングすること、つまり守備の厚みを形成することです（図 3-
2 参照）。守備の厚みが形成されている状況で 1stDF が抜かれてしまっても、
2ndDF は即座に 1stDF として 1stAT に対してアプローチをして間合いを詰
め、パスやドリブルによる突破を防ぐことができます。反対に、守備の厚み
が形成されている状況で、1stDF がボールを奪取して 1stAT になることがで
きれば、2ndDF は即座に 2ndAT として 1stAT を後方からサポートするこ

とができます（守備の厚み＝攻撃の厚み、図3-2参照）。このように、2ndDF
が1stDFの後方のスペースをカバーリングするために形成する守備の厚みは、
守備時のみならず攻撃に切り替わった時においても重要な役割を担っていま
す。

　しかし、2ndDFが具体的にどこにポジションをとって、1stDFの後方の
スペースをカバーリングするのかについては、ボール保持者である1stATに
対して攻撃の厚みと幅を形成しながらサポートする2ndATのポジショニン
グを考慮する必要があります。図3-4では、1stATをさまざまなポジショニ
ングでサポートする2ndATに対する2ndDFの最適なポジションについて示
しています。図の状況は、1stDFがボール保持者である1stATに対して左側
から背後へのロングボールを蹴らせないようにしながら寄せている状況です。

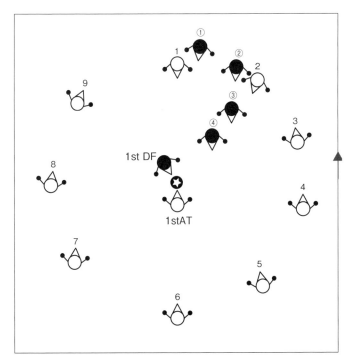

図3-4　2ndATに対応した2ndDFの最適なポジション

この状況で、もし 2ndAT が「8」や「9」のポジショニングをしていた場合、1stDF の "影に入っている"、つまり 1stDF によってパスコースを消されてしまっているため、1stAT から 2ndAT へのパスによって 1stDF や 2ndDF の背後のスペースへボールを運ばれる '突破' への対応よりも、1stAT のドリブル突破に対するカバーリングを優先した「④」が最適なポジションだと考えられます。また、2ndAT が「5」「6」「7」のように 1stAT の後方にポジショニングをしている場合、上記同様に 1stAT からのパスによって 1stDF を突破される可能性はないため、1stAT のドリブル突破に備えて 2ndDF は 1stDF の後方のカバーリングを優先した「④」のポジションをとることが最適だと考えることができます。

　一方で、2ndAT が 1stAT からのパスによって 1stDF もしくは 2ndDF の背後のスペースへボールを運ぶことが可能な「1」「2」「3」そして「4」のポジショニングをしている際には、2ndDF は 1stDF の後方スペースのカバーリングと同時に 2ndAT のマークも意識しながらポジションを決定しなければなりません。2ndAT をマークする際、2ndDF は 1stAT から 2ndAT へのパスによって自身の背後のスペースを使われないために、1stAT と 2ndAT を同一視できるポジションをとる必要があります。そのうえで、まず 1stAT から 2ndAT へのパスをインターセプトできるポジションを心掛けます。そして、インターセプトできない場合には、1stAT からのパスを受けた 2ndAT の攻撃の選択肢を制限するために、間合いを詰めたアプローチをすることが可能なポジションを心掛けます。具体的には、2ndAT が「1」「2」「3」にポジショニングしている場合、1stDF の後方スペースのカバーリングと 2ndAT のマークをするためには、2ndDF はそれぞれ「①」「②」「③」のポジションをとることが適切だと考えられます。また、2ndAT が攻撃の幅を最も形成している「4」のポジショニングをしている場合、先述したように、2ndDF が 2ndAT のマークを優先させて 1stDF から離れた位置に移動すると、1stAT が 1stDF をドリブルによって突破した際の 1stDF の背後のスペースのカバーリングが難しくなるため、「④」のポジションをとることが適切だと考えられます。

（5）【攻撃の第三原則】攻撃のモビリティー（活動性）
―サード・アタッカーの役割―

　攻撃の厚みと幅の部分で述べたように、1stATと2ndATのみの２人の関係では、攻撃の厚みと幅を常に維持することはできません。例えば、図3-5に示すように、1stATと2ndATが（A）斜めの関係にある場合には、攻撃の厚みも幅も同時に形成することができます。しかし、1stATと2ndATが（B）横の関係にある場合には攻撃の厚みが、また1stATと2ndATが（C）縦の関係にある場合には攻撃の幅が失われてしまいます。したがって、常に攻撃の厚みと幅を保つためには1stATと2ndATの他に最低限もう一人攻撃に関わる選手、つまりサード・アタッカー（以降：3rdAT）が必要となります。

　3rdATの役割は、他の選手とのポジションチェンジといった攻撃のモビリティー、言い換えれば活動性を生むことによって、1stATや2ndATといった味方選手、もしくは3rdAT自身が相手DFを突破するのを促すことです。例えば、図3-6はある３対３の場面を示しています。この場面では、1stATに対して左側から1stDFが寄せている状態であるため、左側前方に位置する3rdATにはパスが出しづらい状況です。そこで、後方から1stATをサポートしていた2ndATが3rdATとして右前方に膨らみながら動くことによって前方へのパスコースの確保を試みています。この2ndATの動きに1stDFが対応するのを利用して、1stATはパスフェイントを用いて1stDFのドリブル突破を試みています。この時、2ndATが前方に動いているためこの３対３の状況では、もし1stATのドリブル突破が失敗して攻守が入れ替わった場合、攻

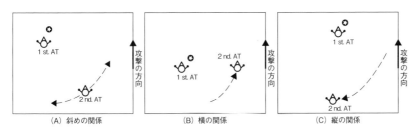

図3-5　２人の攻撃選手で形成する攻撃の厚みと幅の関係

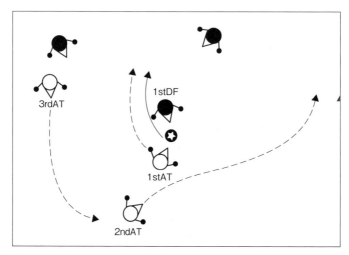

図3-6　攻撃のモビリティー

撃側の3人全員がボールよりも前方にいる、つまり攻撃の厚みが失われた状況
になってしまいます。このことに気がついた3rdAT は、ボール保持者である
1stAT に対して攻撃の厚みを形成して2ndAT の役割を担えるように後ろに
下がっています。この際、3rdAT の後ろに下がる動きに相手 DF が対応して
ついてくれば、1stAT はドリブルによる突破をより図りやすい状況になりま
す。

　このように、ボール保持者である1stAT 以外の選手が3rdAT として攻撃
のモビリティーを生むことによって、DF はその対応についても考慮せざるを
得ないため、一瞬のマークのずれといった守備の隙が生まれる可能性があるの
です。特に、攻撃の厚み形成を意図した2ndAT のポジションは固定的なポジ
ションを意味しているのではなく、1stAT の状況を観ながら2ndAT がポジ
ションを意図的に前方へも変化させることによって、攻撃のモビリティーを活
性化させることができます。

（6）【守備の第三原則】守備のバランス ― サード・ディフェンダーの役割 ―

　これまで述べてきたように、いくら 1stDF が相手の攻撃の突破を遅らせて、2ndDF が守備の厚みを形成させたとしても、1stAT や 1stAT を後方からサポートしている選手からの突破のパスを防ぐことはできません。そのため、守備時には攻撃側の選手と数的同数を確保する必要があり、このことを守備のバランスといいます。この守備のバランスを保つことは、1stDF と 2ndDF 以外で攻撃側の選手との数的同数を保つために守備に参加している選手、つまりサード・ディフェンダー（以降：3rdDF）の役割となります。

　3rdDF の具体的な役割としては、第一に攻撃側の選手にゴール方向へのパスといった突破を許さないこと、そして第二に攻撃側の選手のプレースペースを制限することが求められます。さらに、これら2つの役割を果たした上で、第三の役割として 3rdDF はボールを奪い返すことを考える必要があります。ボールを奪う選択肢としては、まず①インターセプトが挙げられます。そして、インターセプトができない場合には、パスを受けた相手選手をゴールから遠ざけるように距離を詰めて誘導する②ジョッキーが挙げられます。さらに、インターセプトもジョッキーもできなかった場合には、抜かれるリスクも理解した上で③タックルすることが求められます。

　図 3-7 はボール保持者である 1stAT が前方へのパスが可能な状況において、3rdDF がとり得る3か所のポジションを示しています。例えば「①」のポジションの場合は、3rdAT に接近しすぎており、3rdDF の背後のスペースにパスを通される恐れがあります。また、「③」の場合は、近くのパスはインターセプトできる可能性がありますが、それ以外の場合は、相手との距離が遠いため、ボールを受けた攻撃側の選手のプレーを制限するのが難しい状況になります。それに対して「②」のポジションであれば、自分自身の前だけでなく後ろを通されたパスでもボールをインターセプトすることが可能です。また、攻撃側の選手の足元にパスされた場合でも、相手との距離が比較的近いため 3rdDF が相手との距離を詰めてジョッキーすることが可能です。

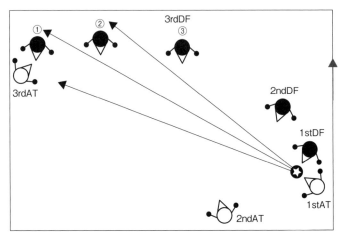

図 3-7 守備のバランス

参考文献

安部久貴「フットボールにおける状況判断時の知覚認知技能に関する研究」『フットボールの科学』日本フットボール学会（2010）pp.78-84.

瀧井敏郎『ワールドサッカーの戦術』ベースボール・マガジン社（1995）pp.29-45.

Worthington. E.『TEACHING SOCCER SKILL』LEPUS BOOK（1980）pp.54-105.

第 **4** 章
サッカー指導を通して子どもが成長する
ための指導者の役割

（菊原　志郎）

1. 指導者の影響力

　私は小学校 4 年生の時に現在の東京ヴェルディの前身である読売サッカークラブのジュニアチームに入って本格的にサッカーを始めました。15 歳でプロのサッカー選手になり、読売サッカークラブの選手として 16 歳 7 ヶ月で日本サッカーリーグに出場し、これは当時の日本トップリーグでの最年少出場記録となりました。そして、その後は、読売サッカークラブで日本リーグ優勝を経験し、J リーグが発足した後は、ヴェルディ川崎で三浦知良選手やラモス瑠偉選手らと共に、ナビスコ杯で清水エスパルスを破り、初代王者に輝くことができました。また、1990（平成 2）年には日本代表にも選出され、国際 A マッチへの出場も経験しました。J リーグの選手としては、ヴェルディ川崎の他、浦和レッズでもプレーをさせていただき、十数年間プロ生活を過ごした後、引退してサッカーの指導者になりました。

　指導者としては、ヴェルディのトップチームとアカデミーチームのコーチ、U-15 から U-17 の日本代表チームのコーチ、JFA アカデミーのコーチ、そしてナショナルトレセンコーチ、横浜マリノスのアカデミーコーチと様々なチームで指導を経験してきました。

　2011 年のメキシコで行われた U-17 ワールドカップでは、日本代表のコーチとして、現在海外のトップサッカークラブで活躍し、日本代表としても選出されてチームの要になっている中島翔哉選手、南野拓実選手、鈴木武蔵選手らを率いて、18 年振りにベスト 8 に進出することができました。

　また 2008（平成 20）年には公認 S 級コーチライセンスを取得し、日本サッカー協会のインストラクターとして指導者養成にも関わってきています。

　2018 年からは中国スーパーリーグ広州富力（現広州城）アカデミーで、中国サッカーの次世代を担うプレイヤーの育成に力を注いでいます。2019 年U-14 の監督時にはチームを全国優勝に導くとともにフェアプレー賞も受賞することができました。その後は、同年 9 月からアカデミー責任者に就任し、育成年代の指導を統括する役割を担っております。

　私自身が、このように素晴らしい経験ができたのも、幼少の頃から良い指導者に出会ってきたからであると思います。私は、これまで出会った指導者から、サッカーの楽しさを教えてもらい、サッカーを楽しむために必要なスキル、そして仲間と共にうまく戦うためのチームワークなどを教えてもらいました。このように、さまざまなことを学ぶことができたおかげで、現在の自分があると思っていますので、サッカーを指導する上で、コーチや先生の役割というのは非常に大きいものだと考えています 。

　そこで、本章では、サッカーを通して子どもたちがより良く育つことを願い、私のこれまでの指導者としての経験から考えていることを少し伝えていければと思っています。

2. 指導者として心がけていること

　まずは、子どもたちにサッカーの楽しさを教え、サッカーを楽しませることが一番大切です。子どもたちは楽しければ積極的に取り組みますし、楽しくないとあまり積極的になることができません。そこで練習メニューを考える際には、子どもたちが楽しく練習できるかどうかという点をまず第一に考え、活動の中にどういう要素を入れるか工夫しています。

　次に、子どもたちにゲームを楽しむために必要な体の動かし方や技術、仲間との連携や協力について教えていきます。指導する上では、子どもたちがサッカーを楽しむための必要な要素を積極的に学んでいけるような雰囲気を作ることも大切です。たとえミスをしても、何度も工夫しながらトライしていけるよ

うな雰囲気があると、楽しみながら成長できると思います。

　サッカーは、足で正確にボールを扱わなくてはいけないスポーツです。足で
ボールを操作するというのは、手で操作するのとは違い、とても難しい技術に
なります。そのため、技術的なトレーニングがとても大切になります。まずは
技術練習を反復して動きと技術を身につけ、その身につけた技術を判断を伴っ
たゲームの中で生かせるように教えていきます。

　例えば、浮いているボールを足で仲間にパスをする技術を習得させたい場
合、仲間に浮いたボールを投げてもらいそのプレーヤーが受け取りやすいよう
にパスを返すドリルが思い浮かぶのではないかと思います。しかし、この練習
だけでは楽しさを味わいながら技術を習得することにはなりません。そこで、
8m四方程度のエリアで3対1のゲーム形式の技術練習をします。攻撃者の3
人はエリア内で大きく三角形を作り、手で投げたボールを地面に落とさないよ
うに足で仲間にパスをする、それを繰り返していきます。守備者1人は攻撃
者の内側にいて、パスカットを狙う。攻撃者はゲームの中で守備者をよく見な
がら自分に来たボールに対して体を上手に使い守備者にパスカットされないよ
うに正確にパスを次の人に渡す。このようなゲームを通して、浮いたボールを
正確にパスする技術を習得させるようにします。このゲームでは、プレーヤー
は常にポジションの修正を繰り返しながら、相手の位置を確認し、味方のパス
コースも確認しながら、正確にボールを操作する技術を発揮し、その技能を
ゲームの中で少しずつ磨いていきます。最初は守備者のプレッシャーをあまり
強くせず、技能が少しずつ向上していく中で、徐々にプレッシャーを強くした
り、ゲームの条件を変えたりしながら難しくしていきます。最初から難しいこ
とを導入するのではなく、まずは子どもの技術や理解力に合わせた条件でゲー
ムをさせ、うまくなっていくのに合わせてゲームの条件を変化させていけば良
いと思います。例えば、守備者がボールを取った場合には攻守が変わるような
ルールにしたり、パスを10本つなぐ目標を立てさせたりします。このように、
条件を少しずつ変えながら、子どもたちが、状況に合わせた判断と正確な技術
を学ぶことができるようにしていきます。

　指導者としては、サッカーの楽しさに触れプレイを楽しんでいく中でうまく

なっていけるような指導を心がけていくことが大切です。

3. 判断力や連携が高まれば、ゲームは楽しめる

　以前は、学校でも、学校外のサッカークラブでも、ドリル形式の単純な反復
作業を繰り返すような練習が多く行われていました。しかし、子どもたちの中
には、ドリル形式の練習にはすぐに飽きてしまったり、集中力が続かなかった
りするという問題がありました。そのような経験から私はドリル形式のトレー
ニングだけではなく、相手がいる実践形式に近い技術練習を増やしていくこと
が重要だと考えています。もちろん子どもたちのレベルによっては、ドリル練
習で正しいフォームを習得させ、正しくボールを蹴れるようにするということ
も必要です。しかし、それを試合で味わう楽しさに近づけていくこと、そして
子どもたちがよりサッカーを楽しみながら、集中して技術の練習ができるよう
にすることがより大切だと思っています。そのためには、まずどんなゲームを
したいのかを子どもたちと話し合ってみるといいと思います。例えば、ショー
トパスをつないでいってゴールを取りたいという目標があれば、正確なパスを
出す技術やボールをコントロールする技術が必要になります。ただ、単純な技
術練習だけではパスをつないでゴールをすることができません。ゲーム中に相
手をよく観察し、良いポジションを取り、そしてどのようにボールをつないで
シュートまで行くかというイメージを仲間と共有する必要があります。単純に
技術のトレーニングをするだけでは、子どもたちがサッカーを楽しめる訳では
ないと思います。ゲームの目的である、パスをつないで得点を奪うための一つ
の部分としての正確なパスとコントロールの技術や各ポジションでの動きなど
を総合的に考えて、トレーニングを考えていく必要が指導者にはあると思いま
す。この総合的に考えた練習とは、個人の能力を高めることと、グループとし
ての連携を高めていくことの両方を含みます。そこで、例えば攻撃であれば、
4対3とか攻撃の人数を少し多くしてゲームをさせます。そのようにすること
で、攻撃の数的優位を生かしながらフリーになる選手を作り出し攻撃していく
ことを子どもたちに考えさせて、チームとしてシュートチャンスを作り出すた

めの理解を促すような練習をします。つまり、身体や技術だけではなく、知的に総合的にサッカーを学ぶことが大切だと思っています。サッカーを上手にしようとすると、身体的、技術的なトレーニングに目が行きがちですが、プレーの中で発揮される意思決定と技能発揮をトータルで考え、練習していく必要があります。

　「技能が低いとゲームが楽しめない」という考えから、技術練習を反復して行うという発想だけではなく、今持っている自分の技術を使いながらゲームの中でより良い意思決定をすることや仲間との連携を高めることで、結果的にプレーの質を向上させていくという考えに立って指導を行うことも大切といえます。

4. 子どもたちが思考することを大切にした指導

　ゲーム中の意思決定能力を向上させるためには、子どもたちが良い判断基準を持ち、状況を把握する認知力を高め、その上で自分たちで考え判断する機会を増やしていく必要があります。

　そのためには、指導者は今までよりも少し指示を減らし、その代わりに子どもたちに発問をし自分で考えさせるようにするといいと思います。

　発問には2種類あると考えています。一つ目は、子どもたちがどんなことを考えているのかを知るための発問です。例えば、「今のプレーは何を狙ったの？」とか、「どこを見ていたの？」といった発問。二つ目は、理解の度合いを確認する発問です。例えば、「今の状況ではどうすればよかったかな？」というような発問をしてみます。このようにして、ゲームをプレーすることを通して感じている前意識的な考えを、指導者の発問によって明確化させて応用できるようにしていきます。

　私が子どもたちの思考力を高めるために取り組んだことは、グラウンドでの練習以外でもあります。前述したように、私は2011（平成23）年にU-17の日本代表チームのコーチをしていました。その時のスタッフには、選手たちが良い考え方を共有したり、問題が起こった時には自分たちで問題解決ができる

ようになってほしいという思いがあり、プレーヤーとスタッフみんなで映画を見てディスカッションをするという活動を取り入れていました。その当時の選手たちは今、日本代表の中心選手として活躍している南野選手や中島翔哉選手、鈴木武蔵選手たちです。

　映画の中には必ず伝えたいテーマがあります。そこで、選手とスタッフみんなで映画を視聴し、その後、テーマやそれぞれが感じたことについてディスカッションをしました。例えば、危機を仲間と協力して乗り越えることをテーマにしているものや、困難を乗り越えて夢を叶えることをテーマにしている映画を一緒に視聴し、意見を出し合い、意見をシェアすると、ある選手はこういう部分にすごく感動しましたという一方で、ある選手は異なった部分に感動したりします。それを皆でシェアすることによっていろんな考え方があることに気づき、それを共有することができます。そして、問題が起こった時の解決の仕方もさまざまな方法があることに気がつきます。このような取り組みによって、選手たちが自分自身の考え方を持ちながらもディスカッションをして、良い考え方を共有するということができて、思考力や団結力が高まったと感じました。そのチームはメキシコでのU-17ワールドカップの予選グループを首位で突破し、準々決勝でブラジルに負けてしまいましたが、ワールドカップでベスト8に入るという偉業を成し遂げました。その後、その時に活躍した選手たちは今、日本の中心選手に成長しています。私は、彼らの成長は、当時のそういった、ディスカッションを通した価値観の共有、多様性への気づきと、それに基づく新たな考えの創造という経験が支えているのではないかと思っています。

5. チームスポーツとしてのサッカー

　サッカーはチームスポーツなので、お互いの協力関係が大切で、個々の人間性がチームに大きく影響を与えます。チームのことを大切に考える選手が多く集まり、チームや仲間のために協力しながらプレーしていくことでチームは良くなり、パフォーマンスは向上します。

　先述した映画を視聴し、ディスカッションをし、価値観を共有するといった活動を導入した当時、「日本代表の選手を集めたキャンプで、映画を見る時間があるなら、もっと練習した方がいいのでは？」といった意見も少なくありませんでした。しかし、私たちスタッフは、この活動が将来有望な選手の成長のために、またチームの連携が良くなるために必要な活動であるという認識を持っていました。実際この活動を経験し、人間的に成長した選手たちの何人もが、日本代表選手になっています。良い選手になるためには、技術や判断、身体的な能力の向上だけでなく人間性の向上も必要ですので、指導者はこの部分についても丁寧に指導していくと良いと思います。

　次に子どもたちの中には、チームで戦うというよりも自分の望むプレイをしたいという気持ちが強い子が多くいます。そんな時は、個人の考えを大切にしながらも、チームのためにお互いが助け合うことがサッカーでは大切であることを教えるようにします。助け合うことで、お互いの良さを引き出したり、ミスをカバーしたりすることができるようになり、結果として自分の望むプレーが増えることにつながります。

　またサッカーでは試合中に多くのミスや問題が起こります。個人の問題だけではなく、チームとして何かが欠如してうまくいかないことがあります。そのような時は、問いかけを通して論理的思考を身に付けさせ、問題が起こった時に子どもたちが自分たちで問題を解決できるように指導していきます。「何が良くなかったのかな」「なぜ良くなかったのかな」「どうすれば改善できるかな」といった問いかけを通して、子どもたちが自ら考え問題解決できるようになるといいと思います。

6. より良い指導者の役割

　指導者の役割は、子どもたちを正しい方向へ導くこと。指導を通して子どもたちを成長させていくことです。スポーツを楽しませながら、良い価値観を共有し、良い習慣を身につけさせていく。そのためには、良いものと良くないものをしっかり子どもたちに正しく伝えることが大切です。

　サッカーには、良い守備があり良くない守備がある。また、良いパスがあり良くないパスがある。サッカーを楽しむためには、良いプレーを増やし良くないプレーを減らす必要があるので、基本となる考えや行動に対して、根拠を明確にしながら良いものと良くないものを子どもたちに理解させるようにします。その中で子どもたちがサッカーを楽しむ上で大切なことに気づき努力していく。指導者は、子どもたちが成長しやすい環境を整えることに気を配る必要があります。

　また大人からのプレッシャーをストレスに感じる子どもたちもいます。「なぜ試合に出られないの」とか、「なぜ今日は勝てなかったの」というように良くない結果に対して「なぜ」という言葉を使うと子どもは返答に困ってしまうこともあると思います。サッカーでは、相手との力関係によってはどんなに頑張っても良い結果を得られないことがあります。大人はそのことを理解して、子どもたちと関わることが大切です。良くない結果に対してなぜかを問うよりは、学びの過程の中で、トライしたことや工夫したことを大人が評価してあげることが大切です。私は、子どもたちのプレーに対しては、まずは褒めることを心がけています。「いいチャレンジだよ」とか「いいところを見ていたね」などの声をかけることで、指導者が自分のことをよく見てくれていることに気づき、褒められることで子どもたちがさらにやる気を出し、さらなる努力や工夫につながっていく。またうまくいかずに悩んでいる子どもに対しては、優しく接し、何かヒントやアイディアを出して子どもと一緒に考えてあげることもいいと思います。このようにして大人がみんなで子どもを励ましながら、成長を支えていくという考え方が必要です。

　私たち指導者にとって、「何をどうやって与えるか」という以上に、「どんな環境をデザインし、そこで子どもたちとどのような時間を共有するのか、一緒に成長していくには指導者として何ができるのか」を考えることの方が重要だと思います。

第5章
体育でのサッカー指導の「これまで」と「これから」

（鈴木　直樹）

1. 伝統的なサッカー指導

　私は1970年代から1990年代にかけて学校で体育授業を経験してきました。その経験を振り返って思い出すのは、2つのタイプのサッカー指導です。一つは、ボールを与えられてルールを示されて、ひたすらゲームを行うような指導です。もう一つは、サッカーで使うパスやシュートやドリブルといった技術を繰り返して部分練習して、授業の最後には、サッカーのゲームをするような指導です。どちらかといえば、前者の授業は、ゲームを繰り返しできるので、楽しかったように思いますし、個人的には好きでした。休み時間にもサッカーをして遊ぶことが多かったので、休み時間の延長のような授業であったように思います。ただ、休み時間と違うのは、休み時間にはサッカーで遊んでいない子どもも一緒にフィールドにいるということぐらいだったでしょうか？　それでも、実際には中心になってプレーしているのは、よく一緒に遊んでいる仲間で、1時間の授業中、ほとんどボールに触れることのない子どもも少なくなかったように思います。このような経験を客観的に振り返って見ると、ゲームを通して一体何を学んだかという疑問が残ります。一方、どちらかといえば、体育熱血指導型の指導者による授業では、パス練習、ドリブル練習、シュート練習というように、ゲームとは切り離された部分練習に多くの時間が費やされていたように思います。日常からサッカーをする機会も多かったので、体育授業での技術練習の課題は難度が低いことが多く、退屈な時間を過ごしていたことを思い出します。体育は好きな教科ではありましたが、授業前半の退屈な部分練習の時間は我慢の時間でした。

　このような私が経験した2つのタイプの授業を聞いて、自分もそういう授業を受けたという方も少なくないと思います。実際、今でもこのような2つのタイプの授業は依然として少なくないとは思います。そういった伝統的な指導が根強く残っている現状ではありますが、政策変更に伴って変化してきたサッカーの指導について本章では取り上げていきたいと思います。

2. 学習指導要領指導書・解説書にみるサッカーの取り扱い

　日本には国全体で統一されたカリキュラムは存在しませんが、カリキュラム作成の基準となる学習指導要領があります。ここには、学年ごとに目標や内容が示されています。そして、その学習指導要領の内容を解説し、活動の例示、教育課程編成上の手がかりを提示しているものが指導書や解説書というものになります。

　これまでの学習指導要領におけるボールゲーム領域の位置付けについて宗野・佐藤（2014（平成26）年）は次ページの表のように整理しています（法的拘束力を持つようになった1958（昭和33）年以降で、小学校の内容のみ抜粋）。

　昭和33年、1968（昭和43）年の学習指導要領指導書の内容では、サッカーに関わって、ゲームの行い方について、対戦人数やコートの大きさなどまで細かく記載されています。また、個人技能や集団技能が習得されたことを前提としてゲームが実施されるような授業展開を推奨していたといえます。そのため、必然的に部分練習に多くの時間が割かれるような授業展開になっていました。したがって、このような時期における指導は、指導者が、効率的に伝達して、繰り返し活動することに注力していたといえます。しかし、1977（昭和52）年の学習指導要領の改定により、生涯スポーツの楽しさが注目されるようになるとゲームをする活動に注目が集まります。集団対集団の競い合いとしてのゲームの特性が重視されるようになります。このような中で、技能練習に代わって注目されていくのが作戦の立案です。すなわち、ゲームは作戦を立てて行い、ゲームを振り返って修正するというように、作戦の立案、作戦の実行、作戦の評価、作戦の再計画というように、活動と作戦を分かち難く結びつけていくようになります。

表5-1　学習指導要領のボールゲーム領域における技能内容の位置づけの変遷

ボールゲーム領域における技能内容の位置づけ（指導書・解説を中心に）	
1958 （S33） 年期	ボール運動だけで構成されている高学年の指導計画に例をとってみれば、基礎的技能、応用的技能、ゲームのように、重点を三つにして次のように学習を進めさせる。すなわち、はじめは基礎的技能を中心にして、それを用いたゲームおよびそれに必要な応用的技能の学習を行い、次には応用的技能を中心として、それを用いたゲームおよびじゅうぶんと思われる基礎的技能の学習を行い、最後にゲームを中心として、応用的技能、基礎的技能の学習をする。（文部省、1960a；p.369.）
1968 （S43） 年期	ボール運動は、ボールを用いて行われる運動であるが、特にチームゲームであるところに最も中心的な特性をみることができる。そのため、勝敗を争う場面での個人的技能、集団的技能が重視され、特に集団による攻防が重点となっている点が他の運動領域とのちがいである。（文部省、1960a；p.20.）
1977 （S52） 年期	バスケットボール及びサッカーの技能を養い、簡単な集団技能を生かしたゲームができるようにする。（文部省、1977a；p.96.）ボール運動については、競争的スポーツの特性を…〈中略〉…重視する考え方をとった。（文部省、1978a；pp.13-14.）。競争的スポーツでは、勝敗や規則をめぐっての行動の仕方が問題となるが、できるだけ競争やゲームの場を豊かにし、その楽しさを求めるなかで、望ましい行動の仕方が身につくような指導が大切である。…〈中略〉…ボール運動では、集団で相手と勝敗を競うことから集団技能を中心に協力、公正などの態度が課題となる。（文部省、1978a；pp.111-112.）
1989 （H1） 年期	ボール運動は、ボールを扱いながら戦術や作戦を工夫して、集団対集団で得点を競い合うスポーツである。小学校では、各種のボール運動の中から、サッカー、バスケットボールを取り上げ、ルールを工夫し、簡単な作戦を立ててゲームができるようにすることを目指している。したがって、これらの運動の指導に当たっては、児童の能力・適正・興味・関心等の状況を考慮してゲームを工夫し学習を進めていくことが必要である。（文部省、1989b；p.20.）
1998 （H10） 年期	ボール運動は、自分のチームの特徴に応じた作戦を立ててゲームを行い、得点を競い合う集団的な運動である。…〈中略〉ゴール型はコート内で攻守が入り交じり、手や足などを使って攻防を組み立て、一定時間内に得点を競い合うことで、ベースボール型は、攻守を規則的に交替し合い、一定回数内で得点を競い合うこと、ネット型は、ネットに区切られたコートの中で攻防を組み立て、一定の得点に早く達することを競い合うことを課題としたゲームであり、それぞれの特性が十分に理解される必要がある。ボール運動の学習では、互いに協力し、役割を分担して計画的に練習を行い、技能を身に付けてゲームをしたり、ルールや学習の場を工夫したりすることが学習の中心となる。（文部省、1999a；pp.24-25.）
2008 （H20） 年期	〈ボール運動系の領域の運動は〉ルールや作戦を工夫して、集団対集団の攻防によって競争することに楽しさや喜びを味わうことができる運動である。…〈中略〉…これらの領域における技能は、「ボール操作」と「ボールを持たないときの動き」で構成している。「ボール操作」はシュート・パス・キープ（ゴール型）、サービス・パス・返球（ネット型）、打球・捕球・返球（ベースボール型）など、攻防のためにボールを制御する技能である。「ボールを持たないときの動き」は、空間・ボールの落下点・目標（区域や塁など）に走り込む、見方をサポートする、相手のプレーヤーをマークするなど、ボール操作に至るための動きや守備にかかわる動きに関する技能である。（文部科学省、2008b；pp.17-18.）

（下線は宗野）（宗野、2014）

3.「作戦学習」が授業づくりの中心へ

　私は、大学時代にアメリカンフットボールをやっておりました。アメリカンフットボールは、一回一回プレーが止まり、プレーとプレーの間に作戦を立案する時間があります。私はクウォーターバックというポジションでしたので、試合中、相手のチームに応じて、自チームの攻撃の作戦を決定し、伝える役割を担っていました。プレー状況に合わせて、ディフェンスの動き方を予想し、作戦を立てていきます。この作戦を立てる上で、試合の前から事前に相手のチームをスカウティングし、特徴を分析し、そのチームに合った戦い方を選択していきます。そして、ゲーム中にはプレーが終わるごとに、その都度、その都度の状況に応じた作戦を立てるわけです。さて、この作戦を考えるという行為は、簡単なことでしょうか？ …私にとってはとても難しい行為でした。振り返ってみれば、最初は、適当に作戦を選択し、やっていただけのように思います。学校での子どもにとっても難しいと思う場面に多々出くわします。そこで、具体例を取り上げながら、その状況について概観していきたいと思います。

　例として取り上げるのは、実際に私が参観をした小学校6年生のサッカーの授業です。この授業では、5対5でハンドボールコートを使ってゲームをやっていました。キーパーが1人ずつついていたので、フィールドプレーヤーは4対4でした。この授業は、準備運動 ― 個人技術の練習 ― 作戦会議 ― ゲーム ― 作戦会議 ― ゲーム ― 振り返り、という流れで展開されました。チームは7人ずつになっており、2人が外で見学するようになっていました。作戦会議で、チームの7人は作戦ボードの周りに輪になって話しています。話し合いは、チームのリーダーと思われる子どもが中心になって進めています。作戦会議は、3分です。中心になっている子が、「前回のゲームでは、速攻がとめられてしまったので、今日は短くボールをつないでいこう」と言いました。その言葉に、みんなうなずいています。そして、他の子が、「ボールを持っている人がパスしやすい近い場所を見つけて動けばいいんだね？」と言います。そして、中心になっている子どもが、ホワイトボードにポジションを示しながら、

「こんな感じでボールを持っている人に近い位置でもらって素早くパスをつないでゴール前に運ぶようにしよう」とまとめました。

　そして、ゲームです。ゲームが始まると、自陣のゴール前でボールを奪うと、そこからつないでいくというよりは、前方に思い切り蹴り込んでいくようなプレーが連続していました。つまり、ボールをつなぐというよりは前に前にという感じで、自分が行けるところまでドリブルしていってディフェンスがきたら前にパスというような攻撃になっていました。作戦とは違うなあとは思いましたが、彼らはそれで得点をとっていきます。

　そして、ゲームが終わり、ゲームを振り返っての作戦会議です。彼らは、相手チームに大差をつけてリードしています。その時の振り返りでは、「うまくいっているので、同じ作戦でいこう」ということでした。周囲も「そうだね」と言って、すぐにホワイトボードを片付けて練習しようとフィールドにボールを持って入っていきます。ゲームでの自分たちの役割を振り返って、作戦の内容を振り返るのではなく、得点差が、作戦がうまくいっているかどうかを決めているのだと思いました。そして、後半戦のゲームも同じようにプレーを展開していきます。そのようなゲーム状況が展開されている中で指導者が観察者のところに来て一緒にゲームを見ていました。

　そして、観察している子どもに、「作戦はうまくいっている？」と聞くと、子どもは「バッチリ」と回答します。続けて先生が「どんな作戦？」と聞いています。すると、観察者が、「えっと…」とちゅうちょして、ホワイトボードに目をやり、「素早く短くパスをつないでゴール前にボールを運んでゴールする」と伝えました。ゲームを見ている指導者は、「作戦と動き方が違わない？見てごらん。○○君は、離れてボールが飛んでくるのを先回りして待っているような感じだよ」と話しました。それを見て、観察者は「本当だ…」とつぶやきました。先生は、一度、試合中のゲームを止めて、チーム毎に一旦、作戦を確認させました。そして、作戦がうまくいっていないと思ったチームに入って、具体的に確認をしました。そして、ゲーム再開です。チームのメンバーは短くパスをつなぐことを意識しています。前にスペースが空いていても短くつなぎながらボールを運ぼうとします。しかし、そう簡単にはうまくいかず、何

回かつなぐと失敗して、すぐに相手にボールを奪われてしまいます。そして、この作戦を忠実に遂行しようとした以降は、1点も得点をとることはできませんでした。勝利こそしたものの、点差を縮められての勝利になりました。

　このような例には、「作戦を立てる」という行為と「効果的にゲームでプレーする」という行為が別々であることに気づかせてくれます。つまり、ボード上での作戦の工夫は、子どもたちの実態を別にして立案されていることが多いということだと思います。結果的に、作戦の遂行はゲームの中で重視されず、作戦立案の成否も勝敗によって決定されるといった具合に作戦を立てるということと、ゲーム中のプレー行動の具体的な内省が結びついていないことが大きな問題であると思います。

　ここで取り上げたような例は、体育で作戦を取り上げる際に、非常に多く見られる事例であると思います。私は、このように「作戦立案―ゲーム―振り返り」を繰り返す学習を「作戦学習」と呼んでいますが、この「作戦学習」は、授業の流れとしてはスムーズなように見える一方で、小学生のような具体的思考から抽象的な思考への過渡期を過ごす年代の子どもには少し早すぎると思います。子どもたちもなんとなく、やり過ごしているようですが、ここで「作戦を立てる」という行為を誤解したまま中学校や高校に進学していくと、学びの深まりは期待できないと感じています。主体的・対話的で深い学びを実現するボール運動の指導をするためには、作戦学習以前にゲームで学ばなければいけないことがあると感じています。

4. 真正の「戦術学習」を導入した授業展開に向けて

　1998（平成10）年の学習指導要領で、中学年の内容に「バスケット型ゲーム」「サッカー型ゲーム」「ベースボール型ゲーム」と表記されるようになり、2008（平成20）年の学習指導要領からは、全学年で内容から種目名が削除され、「ゴール型（ゲーム）」「ネット型（ゲーム）」「ベースボール型（ゲーム）」として記述されるようになりました。これは、それまでの種目ができるようにさせるという考えから、運動種目の楽しさを子どもの実態に応じて修正し

て面白さを味わいながら学び深めていくという考え方に変更されていったことを示しているといえます。そして、この考えに強く影響を与えているのは、Teaching Games for Understanding（TGfU）であったと思います。TGfUは、ゲームの構成要素を分解して学習して獲得していくと考えるのではなく、丸ごとのゲーム体験を通しながら、プレーヤーにあわせてゲームを修正していくという立場をとります。そして、バスケットボールのようなゲームでの学びとサッカーのようなゲームの学びも往還し合うと考えています。したがって、競い合い方に基づいて、攻守が入り乱れて競い合うサッカーやバスケットボールのようなゲームを Invasion Game、攻守が入り混じることなく分離して競い合うバレーボールやバドミントンのようなゲームを Net/Wall Game、攻守が交替しながら攻めたり守ったりするソフトボールや野球のようなゲームをStriking/Fielding Game と分類し、同じカテゴリー内で学んだことを転移し合いながら学び深めていくようにします。そして、その共通に学ぶ内容を、競い合い方である戦術であるとしています。この分類が、日本のゴール型、ネット型、ベースボール型に影響した事は言うまでもないと思います。そして、Tactical Awareness と Tactical Understanding といわれる戦術的気づきや戦術理解をベースにしながら、ゲームパフォーマンスを向上していくという考えも日本の学習指導要領に反映されていると思いますが、それが日本では作戦に置き換えられて表現されているように思います。

　しかし、作戦は Game Plan であり、戦術は Tactics です。この理解の欠如が、日本のゲームを通した指導を混乱させていると思います。実際、ゲーム指導をしている先生たちの言葉を聞いていると、作戦と戦術が混乱して、作戦という言葉に全てを含み込んで話していることがわかります。土田（2010（平成22）年）は戦術と作戦について次のように述べています。

　　「戦術」に関しては、個別の試合、例えば、B チームと対戦することを考える場合、などに限定します。そうすると、他のチームと B チームが戦っていたのを見学したり、一度、実際に対戦したりしてみて、B チームのある程度の傾向がわかることがあると思います。例えば「B チームはあまりシュートが入らない」などです。それ（「傾向」）がわかれば、「守りの人数を減らしてフォワードに人数

を回して速攻しやすくする」という、「対策」が立てられるはずです。このように、傾向を把握して対策を立案する一連のプロセスを、この本では「戦術」と呼ぶことにします。そして、「傾向と対策」の結果に生み出される、個々の対策そのものを、「作戦」と呼ぶことにします。上の具体例に続ければ「ゴール下は主にCさんとDさんの2人で守って、残りのEさんとFさんはなるべく前で攻撃にまわろう」などが作戦にあたります。

　上記の例にもあるように、作戦というと具体的に役割を決めて、それぞれの動き方を決定することが多いと思います。そして、この作戦は、「傾向と対策」である戦術に基づき、生み出されるというわけです。しかしながら、この戦術を学ぶ前に、作戦を立案させようとしているのが、現状であると思います。大胆なことを言えば、小学校の学習指導要領で示されている作戦という言葉がこの誤解を生み出しているのではないかと思っています。

　サッカーの授業では、ゲームを通して、まず自分のチームの傾向や対戦相手の傾向を理解することが重要だと思います。すなわち、ゲーム評価を通して、自分たち自身や相手チームを正しく理解するということです。このこと自体、簡単なことではありません。このゲームがどんなゲームなのか、ゲーム目的とゲーム課題を理解した上でゲームを評価していくことになるので、このこと自体にも時間がかかると思います。したがって、単元のはじめには、ゲーム理解を促す仕掛けが必要であると思います。その後、ゲームでの自分たちの傾向や相手の傾向を理解していく必要があると思います。低中学年では、自分たちの傾向で十分だと私は考えます。高学年では、相手の傾向も意識しても良いかと思います。そして、この傾向の理解だけでは、対策を立てる事はできないので、その原因を探る必要があります。なぜ、そうなっているのか、なぜうまくいかないのか、なぜうまくいっているのか…傾向を掴む中から「なぜ」を引き出し、原因を考えます。子どもたちが「なぜ」に向き合うようにするために、教師は、適切なゲームをデザインし、良質の発問をする必要があると思います。そして、そこから原因が導かれることで、戦術的気づきが促されます。すなわち、「傾向と原因」に気づくことが戦術的気づきの段階といっても良いと思います。そして、この気づきに基づき、問題解決を繰り返すことで、何をど

うすれば良いかということを理解することができます。このように「対策」を理解できることが、戦術的理解だと思います。そして、「対策」を実際の場面で応用することができることを戦術的応用と考えています。このような戦術的な気づき、理解、応用ということができるようになって、具体的な作戦が導かれていくと考えています。私は、現在の小学校のサッカー指導では、この戦術的な学びが欠落している状況にあると思います。戦術というと何か難しいような感じがしますが、「ゲームでの有効な協力の仕方」というようなものだと考えています。

　具体的な授業で、このプロセスをみていきたいと思います。これは、小学校5年生のゴール型でサッカーを教材として扱った授業です。ゲームは、バスケットボールコートを使って4対4で競い合うゲームをしていました。ドリブルを禁止し、グラウンダーのパスでボールをつないで、ゴールライン上でパスを受け取ることができれば得点というゲームです。プレーをしながら、ディフェンスにボールを取られないようにボールをつないでボールを運び、目的地であるゴールラインまでボールを運ぶことを競い合うゲームであることに気づいていきます。これは、ゲーム理解の段階です。そして、次に、コートの横幅を狭くしてゲームをさせました。スペースが小さくなった分、仲間にパスをつなげるのが難しくなり、ボールが敵味方に行ったり来たりするようになります。このゲームの後に指導者と子どもたちの間であったやりとりは下記のようになります。

　教師：ゲームはどうだった？

　子どもA：難しかった。

　教師：どんなところが？

　子どもB：得点を取ることができなかった。

　教師：なぜ、得点を取ることができなかったの？

　子どもC：パスをつなぐことができなくて、すぐに相手のボールになってしまった。

　教師：なぜ、ボールをうまくつなぐことができなかったの？

　子どもD：チームメイトがパスできる場所にいてくれない。

教師：どんな場所にいてくれれば、パスすることができそう。

子ども E：空いているスペース。

教師：空いているスペースってどんなとこ。

子ども F：相手にボールが取られない場所…パスする人ともらう人の間に敵
　　　　　がいないように動けばいい。

教師：そうか…そういう場所が空いているスペースになるんだね。じゃあ、
　　　　素早くそんな場所を見つけて、素早くそんな場所に動いてプレーを
　　　　しよう。

　このやりとりに、「戦術的な気づき」を見いだすことができると思います。子どもたちは、気づきを促す修正されたゲームでプレーをし、教師とのやりとりの中で気づきを意識化していきます。この後、4つのコーンを3人のディフェンスで攻撃にタッチされないように守り、空いているコーンに攻撃がタッチすることができれば得点になるようなゲームをしていきます。このゲームを通しながら、子どもは、スペースは客観的に存在するのではなく、自分で仲間との関係で作り出していくものであることに気づき、それを実現するために試行錯誤し、戦術理解につなげていきます。

　その後、横幅を大きく広げたコートで最初のゲームと同様のゲームを行います。この状況は、空いているスペースへの移動をさせやすくします。気づいたことを実現していくことを容易にします。そして、ゲームをただ繰り返すのではなく、戦術的気づきをもとに試行錯誤している子どもに戦術的な理解を促すために、振り返りの時間を設定します。そこで、ゲームをしたら、振り返りを繰り返します。話し合いは作戦会議ではなく、戦術的気づきに基づく、プレーのゲーム中の傾向、その原因、対策を考えることに焦点化させます。繰り返しやっていく中で、ボールを持っているプレーヤーのサポート行動が高まりを見せていきます。大きく広げたコートを少し狭くして意思決定を難しくしていきます。すると、ボールを持っているプレーヤーの他にサポートする3人はボールを受け取ることができる場所にポジションを取るだけでなく、ボールを受け取る人を助けるために、ディフェンスを邪魔する場所に立つような、スクリー

ンにも似たようなプレーをする子どもも現れました。また、ゲーム状況を理解し、次にボールをもらう子どもが自分以外にいると思ったら、次の次のプレーを考えて、ボールをもらうであろう相手をサポートできそうな位置に動くようなプレーも見られました。戦術的気づき、戦術的理解、戦術的応用ができるようになってきた例だと思います。そして、これらが深まっていく中で、具体的にプレーヤーがどのようにその役割を担うかを考えていくことができると思うのです。

　2017（平成29）年に改定された学習指導要領では、「主体的・対話的で深い学び」がキーワードとなっていますが、これをサッカーの学習に当てはめるならば、主体的・対話的に戦術を学び、深くそれを理解していく中で、それを作戦として活用していくようになれば良いと思うのです。

5. 発達階段に応じた指導を！

　昭和52年以降の学習指導要領では、作戦という言葉がゲーム・ボール運動の内容に含まれました。これは、集団対集団での競い合いの中におけるチーム内での協力を強調した結果生まれたものであると推測できますが、チーム内での協力には思考の発達が位置づいているといえ、それを作戦という言葉でくくってしまい、子どもたちに作戦の立案と工夫を強いるといのは、良質な成長を妨げているともいえます。いわゆる指導者が考えている作戦を工夫して実行するという行為には、①戦術的気づき、②戦術的理解、③戦術の応用、④作戦の計画とつながっていくことを理解していれば、ゲームデザインや子どもたちへの発問が変化し、子どもの発達段階に応じた指導になっていくと思います。

　子どもの発達段階に応じた指導は、サッカー指導の中でもこれまでもずっと言われてきたことだと思います。しかし、指導者は技能の習熟段階に目を向けることが多く、思考の発達という視点にあまり注目をしてこなかったように思います。これからのサッカー指導では、思考と技能を表裏一体の関係とし、サッカーとそれを通して学ぶ資質・能力が他の運動にも転移していくように学びを深めていく必要があると思います。

参考文献

1) 宗野文俊・佐藤亮平「学習指導要領におけるボールゲームでの技能内容の変遷に関する研究 ―「ゴール型」ゲームにおける「集団的技能」に着目して ―」『北海道大学大学院教育学研究院紀要』第120号（2014）、pp.137-158.

2) 土田了輔（2010)「戦略」「戦術」「作戦」の用語の違い。鈴木直樹・鈴木理・土田了輔・廣瀬勝弘・松本大輔著。『だれもがプレイの楽しさを味わうことのできるボール運動・球技の授業づくり』教育出版 p.30.

第Ⅱ部

アイデア編

第 **6** 章
サッカーの動きが高まる活動のアイデア

【いろいろリフティング】

【ゲームイメージと目的】

　体のいろいろな部位を使って、リフティングする。

【ピッチサイズ】

　制限なし

　（一斉に実施する場合は他のプレーヤーとぶつからないように留意する）

【用　具】

　ボール1人1個

【プレーヤー】

　1人

【マネジメント】

　・スタートは両手でボールをもつ。

　・ボールから手をはなして、リフティングでなるべく連続してつなげる。

【ルール】

　いろいろな部位（足インステップ・インサイド・アウトサイド・つま先・かかと・膝・腿・頭・肩・ヘディング等）を使ってリフティングする。

　なれてきたらバウンド回数を少なくして、ノーバウンドで行うようにする。

【発　問】

　体のどこを使ってリフティングできるかな？

【修正（バリエーション）】

　・リフティングの仕方は、手を使ってキャッチして再び投げ上げることや手で弾く（難易度 down）、もしくは足や頭だけを使う（難易度 up）。

　・バウンドあり（例：ワンバウンド・ツーバウンド）（難易度 down）、もしくはノーバウンド（難易度 up）。

　・予め指定された体の部位を決めて行う。

　　（例：右膝のみ・左足の甲のみ・頭のみ・右膝 → 左足の甲 → 頭×3）（難易度 up）

　・地面に置いて、足を使ってリフトアップからスタートする（難易度 up）。

【いろいろストップ】

【ゲームイメージと目的】

いろいろなボールの軌道をよみ、体のいろいろなところで止めることができる。

【ピッチサイズ】

制限なし

（一斉に実施する場合は他のペアとぶつからないように留意する）

【用　具】

ボール1個

【プレーヤー】

2名

【マネジメント】

- ・2人組をつくり、向き合う。
- ・送り手が手でボールを転がし、「止め方ミッション（例：「左」か「右」を指定する)」を指示する。
- ・受け手は、その「止め方ミッション」でボールを止める。
- ・「止め方ミッション」の例
  足の外側・内側、右膝・左膝・両膝、かかと・つま先・ふくらはぎ・腿・尻・背中・頭　等

【ルール】

送り手の「止め方ミッション」で、受け手がボールを止めたら1点。

【発　問】

どのような止め方を見つけたかな？

【修正（バリエーション）】

- ・ボールを手で止める（難易度 down)。
- ・いろいろな部位に番号を付けて、「止め方ミッション」を指示する。
  （例：①左足、②右足、③左膝、④右膝、⑤おしり）
- ・番号の数が少なくする（難易度 down)、もしくは多くする（難易度 up)。
- ・送り手が出すパスの速さをゆっくりにする（難易度 down）もしくは速くする（難易度 up)。
- ・送り手は受け手の背後からボールを出す（難易度 up)。

【♪ゴロン　ゴロン　ピタッ】

【ゲームイメージと目的】

　オノマトペに合わせて、リズミカルにいろいろなボールキープをする。

【ピッチサイズ】

　制限なし

　（一斉に実施する場合は他のプレーヤーとぶつからないように留意する）

【用　具】

　ボール1人1個

【プレーヤー】

　1人

【マネジメント】

　・スタートは地面にボールを置く。

　・ゆっくりとしたリズムで、基本のオノマトペ「♪ゴロン　ゴロン　ピ
　　タッ」と言いながら、いろいろな体の部位を使って転がしたり止めたり
　　して、ボールをコントロールする。

【ルール】

　基本のオノマトペ「♪ゴロン　ゴロン　ピタッ」をゆっくりとしたリズムで言いながら、いろいろな部位（足インステップ・インサイド・アウトサイド・つま先・足の裏等）を使って、転がせたり止めたりする。

　なれてきたら、基本のオノマトペを繰り返したり、新たにオリジナルのオノマトペを作って行う。

【発　問】

　どのような「♪ゴロン　ゴロン　ピタッ」があるかな？

【修正（バリエーション）】

- ・ゆっくりとしたリズムで行う（難易度 down）、もしくは段々とスピードアップする（難易度 up）。
- ・基本のオノマトペ「♪ゴロン　ゴロン　ピタッ」を「♪ゴロン　ピタッ」にする（難易度 down）、もしくは「ゴロン」を追加して「♪ゴロン　ゴロン　ゴロン　ピタッ」で行う（難易度 up）。
- ・進む方向は同じにする（難易度 down）、もしくは進方向を変える（難易度 up）。
- ・新たにオリジナルのオノマトペ（例：「ゴロン　ピタッ　ゴロン　ピタッ　ゴロン　ゴロン　ゴロン　ピタッ」）で足インステップ・インサイド・アウトサイド・つま先・足の裏等を指定して行う（難易度 up）。

【いろいろまたぎ】

【ゲームイメージと目的】

体のいろいろな部位を使って、ボールをまたぐ。

【ピッチサイズ】

制限なし

（一斉に実施する場合は他のプレーヤーとぶつからないように留意する）

【用　具】

ボール１人１個

【プレーヤー】

１人

【マネジメント】

・スタートは地面にボールを置く。

・止まったボールに触れないようにいろいろな動きでボールをまたぐ。

【ルール】

止まったボールに触れてはいけない。

いろいろな動きでボールをまたぐ。

（例：両足ジャンプでまたぐ、片足を時計回り・反時計回りに動かしてボールをまたぐ）

【発　問】

お気に入りのボールのまたぎ方は？

【修正（バリエーション）】

・ボールを止めてゆっくりまたぐ（難易度 down）、もしくはできるだけ早くまたぐ（難易度 up）。

・止まったボールで行う（難易度 down）、もしくは、動いたボールで行う（難易度 up）

・まずは1つのまたぎ方を行う（難易度 down）、もしくは同じまたぎ方を繰り返したり、違うまたぎ方を組み合わせて連続して行う（難易度 up）。

【いろいろボール運び】

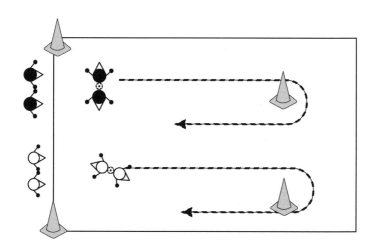

【ゲームイメージと目的】

　体のいろいろなところを使って、ボールを運ぶ。

　自分のペースだけではなく相手にペースを合わせたり、相手の動きと状況を
よくみて、スタートしたり移動したりすることができる。また前のペアと同じ
動きで行うことでボール運びのバリエーションを増やす。

【ピッチサイズ】

　縦 10 ～ 15m 幅 15 ～ 20m

【用　具】

　ボール 2 個、コーン 4 個

【プレーヤー】

　8 名（1 チーム 4 名）

【マネジメント】

- ・2チームに分かれる。
- ・両チームはスタート地点にそれぞれ待機する。
- ・スタート合図で「運び方ミッション」でボールを運ぶ。
- ・「運び方ミッション」の例

　1人で足の間にボールを挟んで歩いたりジャンプしたりして運ぶ。

　2人で背中に挟んで運ぶ。

　2人で（手をつなぐ・肩を組む）、交互に手でボールを弾ませてドリブル（逆の手でもつなぐ）

　2人で手をつないでドリブル（逆の手でもつなぐ）

　2人でワンタッチパス

【ルール】

- ・前のペアの「運び方ミッション」で、次のペアも行う。

【発　問】

どうやったらうまく運べるかな？

【修正（バリエーション）】

- ・1人で、ボールを手で持って運ぶ（難易度 down）。
- ・スタートと折り返しのコーンの間に、コースをつくる。

　例：曲線コース・ジグザグ・くねくね・8の字コース（難易度 up）

- ・制限時間を長くしたり（難易度 down）、短くしたり（難易度 up）する。
- ・4人全員が手をつないで円となってドリブル（4人の手をつなぐ位置も固定せず交代する）（難易度 up）。

【ペアで２ボール交換】

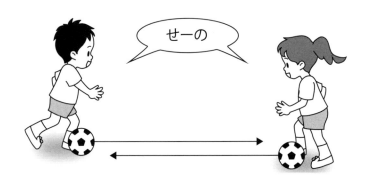

【ゲームイメージと目的】

　ペアでタイミングを合わせて、相手の動きをよくみて、ボールを送り出したり受け止めたりすることができる。

【ピッチサイズ】

　制限なし

　（一斉に実施する場合は他のプレーヤーとぶつからないように留意する）

【用　具】

　ボール１人１個

【プレーヤー】

　２人１組

【マネジメント】

　・２人組をつくり、向き合う。

　・タイミングを合わせて、自分のボールを相手に送る。

　・相手からのボールを受けて、ボールを交換する。

・はじめは手を使ってボールを交換する。

・なれてきたら足を使ってボールを交換する。

【ルール】

いろいろな送り方と受け方でボール交換する。

【発　問】

どのようなボール交換がありましたか？

【修正（バリエーション）】

・手を使ってゆっくりボールを交換する（難易度 down）。もしくは足を
　使ってすばやくボール交換する（難易度 up）。

・ボール交換を連続する（難易度 up）。

　（例：インサイドでダイレクトパスで2回ボール交換する）

　（例：一人は転がし、もう一人は浮かすなど、予めボールの軌道を決めて
　　　おく（難易度 up））

第 **7** 章
サッカーにつながるやさしいゲームのアイデア

【手ネット・リフトアップゲーム】

【ゲームイメージと目的】

　2人で協力してリフティングする。

　ボールの軌道をよみ、2人で協力して「手ネット」を動かしたり、返球の仕方を考えたりしながら、いろいろなところでボールを操作する。

【ピッチサイズ】

　制限なし

　（一斉に実施する場合は他のペアとぶつからないように留意する）

【用　具】

　ボール1個

【プレーヤー】

　2人

【マネジメント】

　・2人組で左手あるいは右手で握手をする。

　・握手した手と2人の腕をネットに見立てた「手ネット」をつくる。

　・手あるいは足を使って、リフティングでなるべく連続してつなげる。

　・「手ネット」を越して、ラリーする。

【ルール】

　2人組の「手ネット」を越して、ラリーの回数を競う。

　手は放してはいけない。

　2回（左手あるいは右手で1回、手を変えて1回）の累計が得点となる。

【発　問】

　どうしたらうまく続けることができるかな？

【修正（バリエーション）】

　・返球は、手だけを使うことや手と足の両方を使うこと（難易度down）、
　　もしくは、足だけを使う（難易度down）。

　・バウンドあり（例：ワンバウンド・ツーバウンド）（難易度down）、もし
　　くはノーバウンド（難易度up）。

　・タッチ回数は、無制限（難易度down）。もしくは、タッチ制限あり。
　　（例：3タッチ以内・2タッチ以内・1タッチのみ）（難易度up）

　・返球で使用部位や動きを指定する（難易度up）。
　　（例：右足のみ・左足のみ・ヘディングのみ）

　・リフトアップからスタートする（難易度up）。

【ゲット　＆　ゴー　ゲーム】

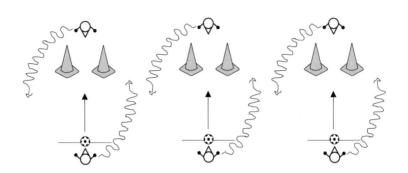

【ゲームイメージと目的】

　2人でプレーをします。

　ラインからボールを蹴ってコーンの間を通すことができれば、得点になります。ゴールの後ろにいる仲間がボールを足で止めて、ドリブルしてラインに再びボールを運びます。蹴った人は素早くゴール裏に移動します。時間内に何点取れるかで競い合います。

【ピッチサイズ】

　制限なし

　（一斉に実施する場合は他のペアとぶつからないように留意する）

【用　具】

　1チームにボール1個とコーン2個

【プレーヤー】

　1チーム2人

【マネジメント】

　・隣のチームとの間隔を十分にとる。

　・子どもの実態にあったシュート距離の設定をする。

　・ゴールのサイズは子供の実態に合わせて設定する。

【ルール】

　２人組で連携してコーンの間にボールを通した回数を競う。

　足だけを使ってプレーをする。

　ライン上にボールを静止させてからシュートする。

【発　問】

　どうしたら正確に得点することができるかな？

　どうしたらたくさんシュートを打つことができるかな？

【修正（バリエーション）】

　・手で転がしてプレーする（難易度 down）。

　・シュートラインからゴールまでの距離を変える（難易度 up & down）。

　・ゴールの大きさを変える（難易度 up & down）。

　・３人でプレーし、ゴール後ろでボールを受け取った後、ドリブルしてパス
　　して次のシューターにボールを渡すようにする（難易度 up）。

【パスーパス　ゲーム】

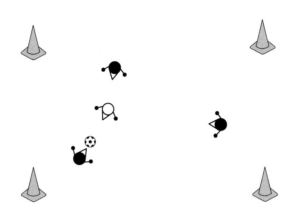

【ゲームイメージと目的】

　決められたコートの中で、3人で協力してディフェンスにボールを取られないようにパスをつなぎます。時間や回数で目標を決めてゲームをします。パスをつなぐ側はコート内を動いてパスを受けることができるように移動します。

【ピッチサイズ】

　制限なし

　（一斉に実施する場合は他のペアとぶつからないように留意する）

【用　具】

　ボール1個

【プレーヤー】

　オフェンス　3人　対　ディフェンス　1人

【マネジメント】

・10m四方のコートを用意します。

・足でパスをして一定の時間内、パスを続けて回数を競ったり、一定のパスをつなげる時間を競ったりします。

・ディフェンスがパスしたボールに触ることができたら、0回に戻ります。

・ディフェンスは、ボールを持っているプレイヤーから2m以上の距離をとるようにしてパスカットをして守ります。

【ルール】

オフェンス3人で協力してパスをつないで、回数や時間で競います。

（例：1分間で連続してパスをつないで回数で競います。ディフェンスにボールに触れられたら、0回からカウントします。制限時間内で最も多くつないだ回数を記録にします）

（例：2チームで先に5回パスをつないだ方が勝ちにします）

【発　問】

どうやって協力をすれば、パスを上手につなぐことができるかな？

どうやって守ったら、パスを防ぐことができるかな？

【修正（バリエーション）】

・手を使ってパスをします（難易度 down）。

・時間や回数を変更します（難易度 up & down）。

・コートの大きさを小さくしたり、大きくしたりします（難易度 up & down）。

・ディフェンスを2人にします（難易度 up）。

【サッカー相撲】

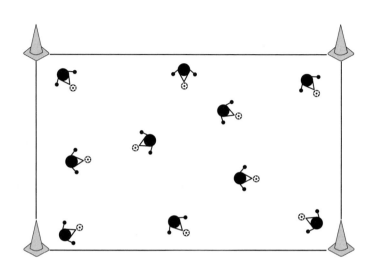

【ゲームイメージと目的】

　向かってくる相手にボールをとられないようにキープしつつ、相手のボール
をけり出す。

　自分のボール、相手のボールや動きを見ながら、ボールを操作することがで
きる。

【ピッチサイズ】

　縦 10 〜 15m 幅 15 〜 20m

【用　具】

　ボール 10 個コーン 4 個

【プレーヤー】

　10 人（個人戦）

【マネジメント】

- ・プレー時間（例：3分）
- ・1人1個ボールをもってコート内からスタートする。
- ・スタートの場所はどこからでもよい。
- ・動いていても、止まっていてもよい。
- ・ピッチ内はどこへ移動してもよい。

【ルール】

- ・相手のボールはコート内にけり出す。
- ・自分のボールがコートの外にけり出された場合は、「復活の条件（例：地面に置いた自分のボールを足裏で交互に10回タッチする）」をクリアーしたら、「ふっかーつ！」と宣言して、どこの場所からでも再びコートの中に入り、再スタートができる。
- ・再スタートの回数は制限なし（何度外に出されてもよい）。
- ・自分のボールを手でもったり、抱えたりしてはいけない。
- ・タイムアップのときに残っている人が勝ち。

【発　問】

攻撃：どうやったら相手のボールをけり出せるかな？

守備：どうやったら自分のボールを守れるかな？

【修正（バリエーション）】

- ・ピッチサイズを狭くする（難易度 up）、もしくは広くする（難易度 down）。
- ・参加人数を増やす（難易度 up）、もしくは減らす（難易度 down）。
- ・ボールタッチの制限をかける（難易度 up）。
- ・けり出すだけの役割（鬼）を入れる（難易度 up）。

【スラローム・ドンジャンケン】

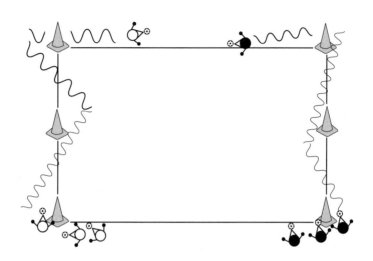

【ゲームイメージと目的】

状況をよくみてスタートし、加速したりストップしたりする。

自分がコントロールできる範囲でスピードを上げて、場（例：スラローム）に応じたドリブルやストップしたりすることができる。

【ピッチサイズ】

縦 10 ～ 15m 幅 15 ～ 20m

【用　具】

ボール 8 個コーン 6 個

【プレーヤー】

8 人（1 チーム 4 人）

【マネジメント】

・2チームに分かれる。

・両チームはスタート地点にそれぞれ待機する。

・スタート合図で1人ずつコーンにぶつからないようにドリブルする。

・互いが会ったところでジャンケン（例：体ジャンケン）する。

・勝てばそのまま進む。

・負ければスタート地点に戻り待機し、次に待機者がスタートする。

【ルール】

・相手のスタート地点に先に着いたら1点。

・制限時間内の総得点で競う。

【発　問】

どうやったらうまくボールをドリブルできるなか？

【修正（バリエーション)】

・ボールを使わない（難易度 down）。

・ジャンケンを手で行う（難易度 down）。

・スラロームをなくす（難易度 down）、もしくはスラロームの回数を増やす（難易度 up）。

・曲線コース・ジグザグ・くねくねコース（難易度 up）。

・ボールタッチの制限をかける（難易度 up）。

【突破ゲーム】

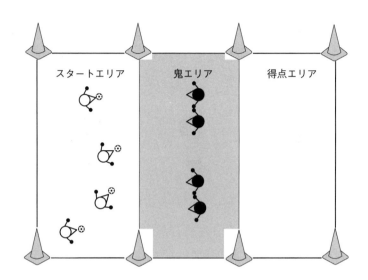

【ゲームイメージと目的】

　鬼にタッチされないようにドリブル突破する。

　攻撃：自分のボールをコントロールしながら、空いているスペースを見つけ
　　　　たり、仲間を助けるためにスペースを作り出したりする。

　　　　自分がコントロールできるスピードを調整してドリブルやターンする。

　守備：ペアで周りの状況を見ながら動く。

　　　　ペアやペア同士で、声をかけ合ったり、役割を決めたりして、空い
　　　　ているスペースを少なくしたり、攻めが動きにくくする。

【ピッチサイズ】

　縦 20 ～ 25m 幅 15 ～ 20m　（鬼エリアの幅 5m）

【用　具】

　ボール 4 個コーン 8 個

【プレーヤー】8人

（1チーム4人）

【マネジメント】

・2チームに分かれる。

・攻めは、スタートエリアからスタートする。

・攻めは、自分のボールがコートから出たらスタートエリアからスタートする。

・守りは、鬼エリアから出てはいけない。ペアで手をつなぐ。手を離してはいけない。

・制限時間は3分。

・攻めが得点エリアへ移動して得点できたら、コートの外を回り、再びスタートエリアからスタートする。

【ルール】

・鬼エリアにいる守りにタッチされないように反対側へ移動したら1点。

・攻めと守りは交代して、総得点で競う。

【発　問】

攻撃：どうやったら突破できるかな？

守備：どうやったらタッチできるかな？

【修正（バリエーション）】

・ボールを手で持って行う（難易度down）

・鬼は4人組で手をつなぐ（難易度down）

・ピッチの幅を広くする（難易度down）、もしくは狭くする（難易度up）

・曲線コース・ジグザグ・くねくねコース（難易度up）

・ボールタッチの制限をかける（難易度up）。

第 **8** 章
サッカーが上手くなるゲームのアイデア

【3対1】

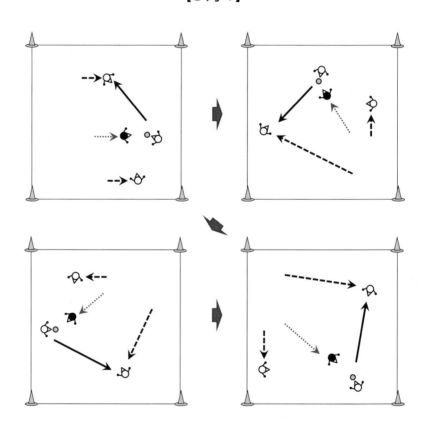

【ゲームイメージと目的】

コートの中で3人で1人のDFにボールを奪われないように保持する。

攻撃：常にパスコースを作る（幅と厚みの形成）

守備：ボールへのアプローチ、パスコースの限定

【ピッチサイズ】

縦 8 〜 10m×幅 8 〜 10m

【用　具】

ボール、ビブス、コーン

【プレーヤー】

攻撃：3 人

守備：1 人

【マネジメント】

・プレー時間は指導者が管理する。

【ルール】

・守備プレーヤーがボールを奪うかボールがコートの外に出たら、ミスをした人と交代する。

・攻撃プレーヤーのタッチ制限はしない。

・攻撃プレーヤーはパスを 15 本回せば 1 点。

・攻撃プレーヤーが得点を有していれば、ミスしても交代しなくてよい。

【発　問】

攻撃：どこに動けばパスをもらえるかな？

守備：どうやったらボールを奪い易くなるかな？

【修正（バリエーション）】

・コートの広さを変える（難易度 up or down）。

・攻撃プレーヤーを一人増やして 4 対 1 にする（難易度 down）。

・ハンドリングで実施する（難易度 down）。

・攻撃プレーヤーのタッチ数を制限する（難易度 up）。

【4対2】

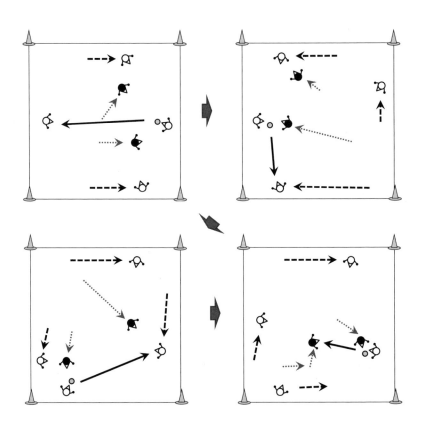

【ゲームイメージと目的】

　4人で2人のDFにボールを奪われないように保持する。

　攻撃：常にパスコースを作る（幅と厚みの形成）、縦（DFの間を通す）パ
　　　　スを意識する。

　守備：チャレンジとカバーの役割分担、攻撃方向の限定と予測。

【ピッチサイズ】

　縦10～15m×幅10～15m

【用　具】

ボール、ビブス、コーン

【プレーヤー】

攻撃：4人

守備：2人

【マネジメント】

・プレー時間は指導者が指示する。

【ルール】

・守備がボールを奪うかボールがコートの外に出たら、ミスをした人と交代する。

・攻撃プレーヤーのタッチ制限はしない。

・攻撃はパスを15本回せば1点。

・攻撃は2人のDFの間にパスを通せば5本とカウントする。

・攻撃プレーヤーが得点を有していれば、ミスしても交代しなくてよい。

【発　問】

攻撃：どうすればDFの間のパスを通せるかな？

守備：どうすればパスのコースを予測できるかな？

【修正（バリエーション）】

・コートの広さを変える（難易度 up or down）。

・攻撃プレーヤーを一人増やして5対2にする（難易度 down）。

・ハンドリングで実施する（難易度 down）。

・攻撃プレーヤーのタッチ数を制限する（難易度 up）。

【3対3対3】

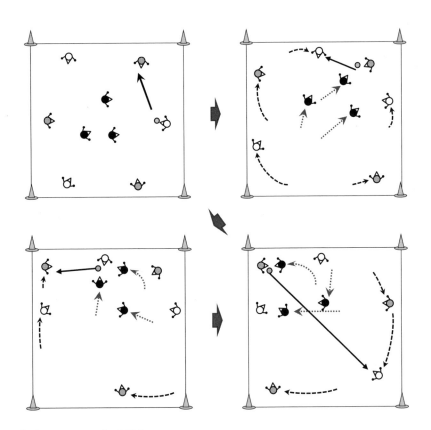

【ゲームイメージと目的】

　6人で3人のDFにボールを奪われないように保持する。

　攻撃：常にパスコースを作る（幅と厚みの形成）、縦パスを意識する。

　守備：チャレンジとカバーの役割分担、攻撃方向の限定と予測。

【ピッチサイズ】

　縦 15 ～ 20m×幅 15 ～ 20m

【用　具】

　ボール、ビブス、コーン

【プレーヤー】

　攻撃：6人

　守備：3人

【マネジメント】

　・プレー時間は指導者が指示する。

【ルール】

　・守備がボールを奪うかボールがコートの外に出たら、ミスをしたグループ
　　単位で交代する。

　・攻撃プレーヤーのタッチ制限はしない。

　・攻撃はパスを15本回せば1点。

　・攻撃はDFの間にパスを通せば5本とカウントする。

　・攻撃プレーヤーが得点を有していれば、ミスしても交代しなくてよい。

【発　問】

　攻撃：相手はどんな状態かな？　寄ってきてる？　離れてる？

　守備：どうすればパスのコースを予測できるかな？

　　　　どうすればDFの間のパスを通せるかな？

【修正（バリエーション）】

　・コートの広さを変える（難易度 up or down）。

　・攻撃プレーヤーのタッチ数を制限する（難易度 up）。

【4対4（＋4サポーター）】

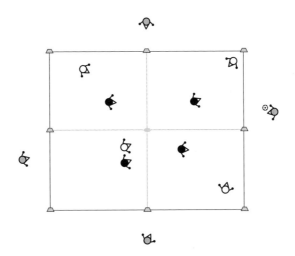

【ゲームイメージと目的】

　4人＋4人のサポーターで4人のDFにボールを奪われないようにボールを保持する。

　＊もう一つのチームは、コートの各辺に一人を配置して、ボールを保持しているチームのサポート役を担う。

　　攻撃：常にパスコースを作る（幅と厚みの形成）、縦パスを意識する。

　　守備：チャレンジとカバーの役割分担、攻撃方向の限定と予測。

【ピッチサイズ】

　縦20m×幅15m

【用　具】

　ボール、マーカー、ビブス

【プレーヤー】

　12名：4名×3チーム

【マネジメント】

・基本的な配置と戦い方のみをプレーヤーに伝え、自由にプレーさせる。

・ゲームは3チーム総当たりで行う。1チームは必ずコートの外でサポート
　役（「サポーター」）を担当する。

・時間は指導者が管理し、総当たりが終わる毎に、作戦タイムを設ける。

・ボールを大きく浮かすパスについては、安全面の確保の観点から使うこと
　を禁止する。

【ルール】

・ボールタッチは原則フリータッチとする。

・ボールが外に出たら、はじめにボールを貰える順番のチームのボールで再
　スタートする。慣れてきたらボールを出したチームの相手ボールから再
　スタートする。

・基本的にショルダーチャージを含めて、身体的な強い接触は反則とする。
　（フェアプレーとセルフジャッジの習慣化）

〈パスや人の動きを複数の図を使って説明〉

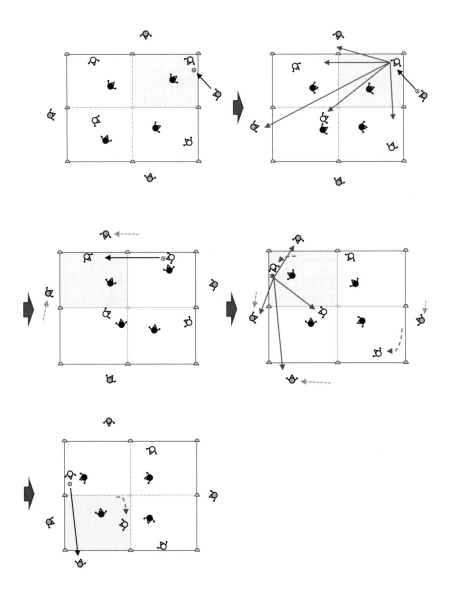

【発　問】

『認知』自分のところにボールが来る前。

「ボールを持っている仲間は、どんな状態かな？」

「ボールは、どこで受けれたら良さそうかな？」

「味方は、どこにいるかな？」

『認知』自分のところにボールが来たとき。

「味方はどこと、どこにいるかな？」

確認すべき味方の場所と人数について気づかせる。

「ボールはどこに止めたら良さそう？」

　味方の居る場所を見つけると同時に、視野に入る相手の状態を気づかせる。相手のことを言葉にするのは、最後にとっておき、プレーヤー自身が気づき、見つけることができるように導いていく。

〈前後や左右を意識した条件付きゲーム〉

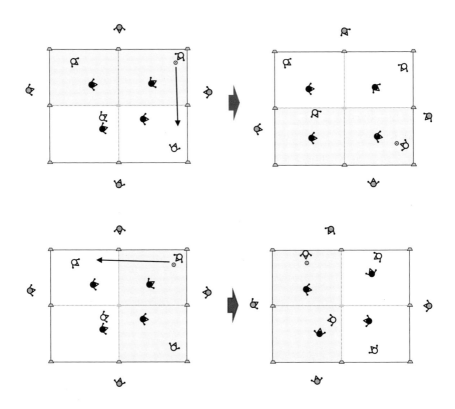

＊ゲーム条件の追加オプション

・対抗する２チームのプレーヤーは、各自、コート内を２分の１に区切っ
　たエリアを意識してプレーする。

【修正（バリューション）】

難易度 up

・ピッチサイズを微調整する。（縦と横を意図的に狭める）

・サポーターの数を減らす。（「４名から２名へ」、「２名から０へ」）

<u>難易度 down</u>

・「4 vs 4」から「3 vs 3」にコート内の人数を減らし、休みのプレーヤー
　にゲームを観察させる。観察者は作戦タイム時にリーダー役を担い、総
　当たり1回を行う。

・作戦タイムの後のゲームのサポーターは、同チームから2名出すことと
　し、対角線上に配置する。同じチームのサポートしかできないようにし
　て2回目の総当たりを行う。

【3対１＋GK+FW：キック】

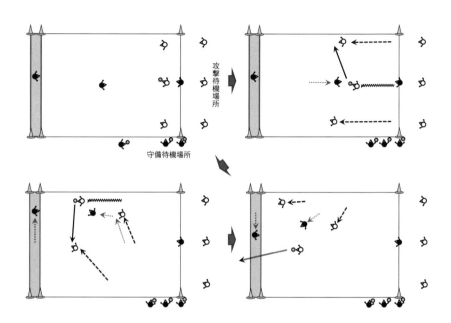

【ゲームイメージと目的】

　3人の攻撃で１人のDFをかわして思いっきりボールを蹴ってシュートを決める。

　攻撃：常にパスコースを作る（幅と厚みの形成）、強くボールを蹴る。

　守備：チャレンジとディレイの判断、攻撃方向を限定する。

【ピッチサイズ】

　縦20〜25m×幅10〜15m、ゾーンゴールは2m幅

【人数と用具】

　12名、ボール4個、ビブス6枚×2色、コーン

【プレーヤー】

　攻撃：3 人（3 人は待機）

　守備：1 人 DF ＋ 1 人 GK（ゾーン）＋ 1 人 FW（3 人は待機）

【マネジメント】

　・攻撃と守備を分けてプレーする。

　・攻撃と守備はそれぞれ時間（例：5 分）で交代する。

　・攻撃プレーヤーがシュートを打つか、守備プレーヤーがボールを奪って
　　FW にパスをするか、ボールがコートの外に出たら攻守ともにプレーヤー
　　もしくは役割を変更する。

　・攻撃は 3 人のポジションを毎回ローテーションする。

　・守備は FW → DF → GK →待機の順番でローテーションする。

【ルール】

　・攻撃は打ったシュートが GK が守るゾーンを通過すれば 1 点。

　・GK はゾーンゴールから出られない。

　・ゾーンゴール以外ではオフサイドはない。

　・守備はボールを奪って、逆サイドにいる FW にパスしたら 1 点。

【発　問】

　攻撃：どういう状況でボールを受ければシュートを打ちやすいかな？

　守備：どうすれば GK がシュートを予測しやすくなるかな？

【修正（バリエーション）】

　・ゴールの方法をドリブル突破に変更する（難易度 up）

【４対２＋GK+FW：パス＆シュート】

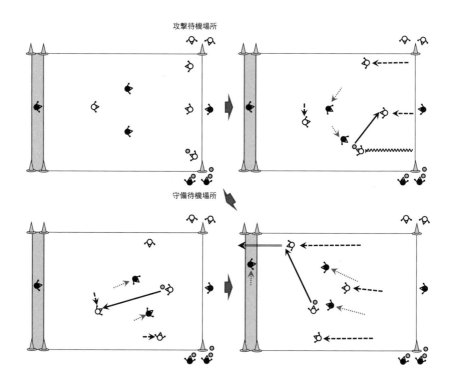

【ゲームイメージと目的】

　４人の攻撃で２人のDFをかわして思いっきりシュートを打つ。

　攻撃：常にパスコースを作る（幅と厚みの形成）、縦パスを意識する。

　守備：チャレンジとカバーの役割分担、攻撃方向の限定と予測。

【ピッチサイズ】

　縦20〜25m×幅15〜20m、ゾーンゴールは2m幅

【用　具】

　12名、ボール4個、ビブス6枚×2色、コーン

【プレーヤー】

　攻撃：4人（2人は待機）

　守備：2人DF＋1人GK＋1人FW（2人は待機）

【マネジメント】

・攻撃と守備を分けてプレーする。

・攻撃と守備はそれぞれ時間（例：5分）で交代する。

・攻撃プレーヤーがシュートを打つか、守備プレーヤーがボールを奪って FW にパスをするか、ボールがコートの外に出たら攻守ともにプレーヤー もしくは役割をローテーションする。

・攻撃プレーヤーは右→中央→左→前→待機の順でひとりずつロー テーションする。

・守備はFW→DF右→DF左→GK→待機の順番でひとりずつローテー ションする。

【ルール】

・攻撃は打ったシュートがGKが守るゾーンを通過すれば1点。

・GKはゾーンゴールから出られない。

・ゾーンゴール以外ではオフサイドはない。

・守備はボールを奪って、逆サイドにいるFWにパスしたら1点。

【発　問】

　攻撃：まずどこを見るといいかな？

　守備：2人の役割分担（1stDFと2ndDF）はできているかな？

【修正（バリエーション）】

・ゴールゾーン手前にシュートラインを設定する（難易度 up）

＊ラインを越えてのシュートは無効

【4+1 対 3 + 2GK：パス & ドリブル&シュート】

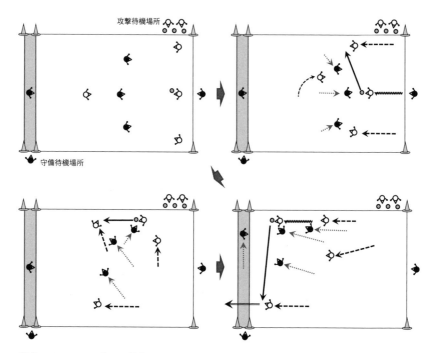

【ゲームイメージと目的】

4 人の攻撃で 3 人の DF をかわして思いっきりシュートを打つ。

　攻撃：常にパスコースを作る（幅と厚みの形成）、縦パスの意識　意図的な
　　　　ボール回し。

　守備：チャレンジとカバーの役割分担、攻撃方向の限定、守備のバランス。

【ピッチサイズ】

　縦 20 〜 25m ×幅 15 〜 20m、ゾーンゴールは 2m 幅

【用　具】

　12 名、ボール 4 個、ビブス 6 枚×2 色、コーン

【プレーヤー】

攻撃：5人（1人は待機）

守備：2人DF＋2人GK（1人は待機）

【マネジメント】

・攻撃と守備を分けてプレーする。

・攻撃と守備はそれぞれ時間（例：5分）で交代する。

・攻撃プレーヤーがシュートを打つか、守備プレーヤーがボールを奪って逆のラインをドリブル突破するか、ボールがコートの外に出たら攻守ともにプレーヤーと役割をローテーションする。

・攻撃プレーヤーはサポート（後）→右→中央→左→前→待機の順で一人ずつローテーションする。

・守備はGK右→GK左→DF左→DF中央→DF右→待機の順番で一人ずつローテーションする。

【ルール】

・攻撃は打ったシュートがGKが守るゾーンを通過すれば1点。

・GKはゾーンゴールから出られない。

・攻撃のサポートプレーヤー（後）はライン上のみ移動可。

・ゾーンゴール以外ではオフサイドはない。

・守備はボールを奪って、逆サイドのラインをドリブル突破したら1点。

【発　問】

攻撃：前にいるプレーヤーはどんなふうに攻撃に関われるかな？

守備：どうすれば守備でボールを奪いに行ける状況が作れるかな？

【修正（バリエーション）】

・GKの人数を増やす（難易度up）。

【3対3＋FW】

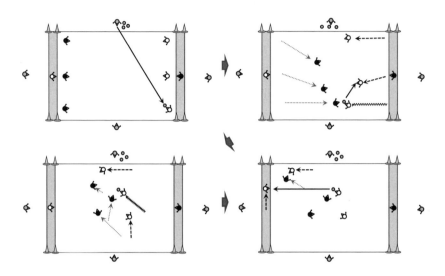

【ゲームイメージと目的】

3人の DF をかわして前の味方 FW にパスをする。

攻撃：常にパスコースを作る（幅と厚みの形成）、縦パスを意識する。

守備：チャレンジとカバーの役割分担、攻撃方向の限定、守備のバランス。

【ピッチサイズ】

縦 20 〜 25m×幅 15 〜 20m、ゾーンゴールは 2m 幅

【用　具】

12 名、ボール 4 個、ビブス 4 枚×3 色、コーン

【プレーヤー】

攻撃：3 人＋1 人 FW

守備：3 人 DF ＋1 人 FW

【マネジメント】

- ・プレー時間（例：5分）中に奪った得点を競う。
- ・ゲームをスタートするときは、中央の休みグループのプレーヤーからパスを受けてスタートする。
- ・得点が入ったら両チームとも、FW とフィールドプレーヤーの役割をローテーションした後、得点をとられたチームのボールでゲームを再スタートする。
- ・休みのチームは周りでゲームを観ながらボール拾いをする。

【ルール】

- ・ゾーンにいる FW にパスが通ったら 1 点もしくは、ゾーンにいる FW からリターンパスを受けたら 1 点。
- ・FW はゾーンから出られない。
- ・オフサイドはない。
- ・再スタートするときは、相手プレーヤーは中央より後ろに下がらなければならない。

【発　問】

攻撃：1stAT を背後でサポートする動き（2ndAT）と前方のパスコースを作る動き（3rdAT）のどちらもあるかな？

守備：背後の相手 FW へのパスコースも意識しているかな？

【修正（バリエーション）】

- ・ゴールゾーンの幅を狭める（難易度 up）。

【3対3＋GK（＋1サポーター）：ゾーンゴール】

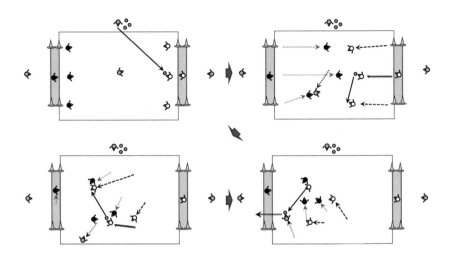

【ゲームイメージと目的】

3人とサポーターで3人のDFをかわしてシュートを決める。

攻撃：常にパスコースを作る（幅と厚みの形成）、縦パスを意識する意図的
なボール回し。

守備：チャレンジとカバーの役割分担、攻撃方向の限定、守備のバランス。

【ピッチサイズ】

縦20 〜 25m×幅15 〜 20m、ゾーンゴールは2m幅

【用 具】

12名、ボール4個、ビブス4枚×3色、コーン

【プレーヤー】

攻撃：3人＋1人GK+1人サポーター

守備：3 人 DF ＋ 1 人 GK

【マネジメント】

- ・プレー時間（例：5 分）中に奪った得点を競う。
- ・得点が入ったら両チームとも、GK とフィールドプレーヤーの役割をローテーションした後、得点をとられたチームのボールでゲームを再スタートする。
- ・ゲームを再スタートするときは、中央の休みのプレーヤーからパスを受けてスタートする。
- ・休みのチームの一人がサポーターとして常に攻撃チームに加わってプレーする。
- ・その他の休みのチームのプレーヤーは周りでゲームを観ながらボール拾いをする。

【ルール】

- ・ゾーンゴールをボールが通過すれば 1 点。
- ・オフサイドはない。
- ・再スタートするときは、相手プレーヤーは中央より後ろに下がらなければならない。

【発　問】

攻撃：ボール保持者から離れると守備側のプレーヤーはどうなるかな？

守備：どうすれば積極的にボールを奪いに行ける状況ができるかな？

【修正（バリエーション）】

- ・サポーターの数を増やす（難易度 down）。

【3対3＋GK（＋1サポーター）：4ゴール】

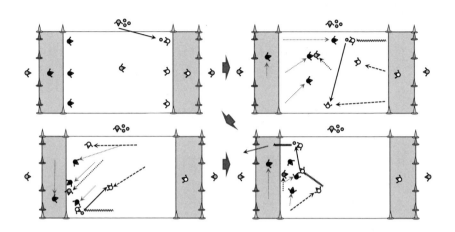

【ゲームイメージと目的】

3人と1人のサポーターで3人のDFと1人のGKをかわしてシュートを決める。

攻撃：常にパスコースを作る（幅と厚みの形成）、縦パスを意識する意図的なボール回し。

守備：チャレンジとカバーの役割分担、攻撃方向の限定、守備のバランス。

【ピッチサイズ】

縦25〜30m×幅20〜25m 、シュートゾーンは5m幅

【用　具】

12名、ボール4個、ビブス4枚×3色、コーン

【プレーヤー】

攻撃：3人＋1人GK＋1人サポーター

守備：3人DF＋1人GK

【マネジメント】

- ・プレー時間（例：5分）中に奪った得点を競う。
- ・得点が入ったら両チームとも、GKとフィールドプレーヤーの役割をローテーションした後、得点をとられたチームのボールでゲームを再スタートする。
- ・ゲームを再スタートするときは、中央の休みのプレーヤーからパスを受けてスタートする。
- ・休みのチームの一人がサポーターとして常に攻撃チームに加わってプレーする。
- ・その他の休みのチームのプレーヤーは周りでゲームを観ながらボール拾いをする。

【ルール】

- ・2か所のうちのどちらかのゴールをボールが通過すれば1点。
- ・シュートゾーンに入らなければシュートは打てない。
- ・オフサイドはない。
- ・再スタートするときは、相手プレーヤーは中央より後ろに下がらなければならない。

【発　問】

攻撃：どちらのゴールを攻めるのが有効かな？

守備：どうすれば相手の攻撃を予測しやすい状況を作れるかな？

【修正（バリエーション）】

- ・GKをつけない（難易度down）。

【4対4（＋2サポーター）】

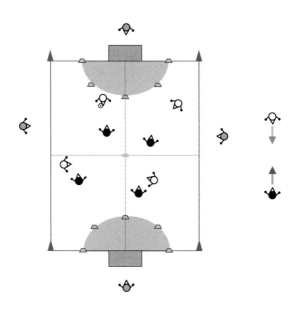

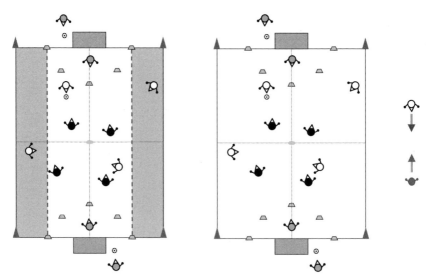

【ゲームイメージと目的】

これまで獲得したゲームセンスを活用して、ゴールを奪うことを目指す。

【ピッチサイズ】

縦28m×横18m

【用　具】

ボール、ハンドボールゴール（コーンゴール可）、マーカー、コーン、ビブス

【プレーヤー】

12名：4名×3チーム

ゲームイメージ

・2チームがルールに沿ってコート内で対抗してプレーする。

・もう1チームは、コートの両サイドの辺に2名づつ配置し、ボールを保持しているチームのサポート役を担う。ここでは各チーム、サポーターと協力して、目的であるゴールの数を競い合う。

・ゴールキーパーは基本的に配置しないで行う。

【マネジメント】

・基本的な配置と戦い方のみをプレーヤーに伝え、自由にプレーさせる。

・ゲームは3チーム総当たりで行う。

　　1チームは必ずコートの外でサポート役（ボール保持しているチームに対して2名）を担当する。ここでは、コーンゴールの後ろで突破のパスを受ける役も担う。

・時間は指導者が管理し、総当たりが終わる毎に、作戦タイムを設ける。

・ボールを大きく浮かすパスについては、安全面の確保の観点から使うことを禁止する。

【ルール】

- ・ボールタッチはフリータッチとする。
- ・コート外にボールが出たら、出したチームの相手チームのボールとし、出たところのラインからキックインで再スタートする。
- ・基本的にショルダーチャージを含めて、身体的な強い接触は反則とする。（フェアプレーとセルフジャッジの習慣化）
- ・はじめは、ゴール前のマーカーで囲ったエリアにボールを保持しないプレーヤーは入ることができない条件をつける。

【発　問】

『認知』自分のところにボールが来る前。

「ボールを持っている仲間は、どんな状態かな？」

「ボールは、どこで受けれたら良さそうかな？」

「味方は、どこにいるかな？」

『認知』自分のところにボールが来たとき。

「目的は何かな？」 → Ａ「ゴール！」

「ゴールを決めるためには、みんな、何に注意したらよかったかな？」

「そうだね。相手を注意して見ておかないとね。では次に、相手の何を確認しておけばゴールチャンスを作れそうかな？」

「胸はどこを向いているかな？」

「味方と相手の距離は近いかな？　離れているかな？」

　ゲームの目的を意識させて、確認すべきゴールの位置・数、味方の位置・人数について気づかせる。

「どこにボールを運んだらゴールチャンスを増やせるかな？」

　このゲームの目的が何であるかを気づかせるために、味方の位置と相手との関係性を見つけさせるための発問を投げかける。「相手」に関する情報を気づかせるための直接的な言葉を使うことは、最後まで使わない。このメニューでは、味方・相手・ゴールの関係性について、プレーヤー自身が気づき、突破の方法を自ら見つけることができるように導いていく。

【修正（バリエーション）】

難易度 up

・ピッチサイズを微調整する。（縦と横を意図的に狭める）

・サポーターの数を減らす。（「4名から2名へ」、「2名から0へ」）

難易度 down

・「4 vs 4」から「3 vs 3」にコート内の人数を減らし、休みのプレーヤー にゲームを観察させる。観察者は作戦タイムの際にリーダー役を担い、 総当たりを1回行う。

・作戦タイムの後のゲームのサポーターは、同チームから2名出すことと し、対角線上に配置し、同じチームのサポートしかできないようにして2 回目の総当たりを行う。＊その際、各チームで役割をローテンションし て行うことを伝える。

・サポーターの位置を自陣後ろから1名をサイドに移動させて3名のサポー ターの協力を受けてゴールを目指す。この時、サイドのサポーターは シュートすることはできない。

【振り返り】

ふりかえりノートの活用

・発問した内容に対して、各自が自ら探すことができるようになっているか について、チェックする。

【４対４（＋３サポーター）：ライン突破】

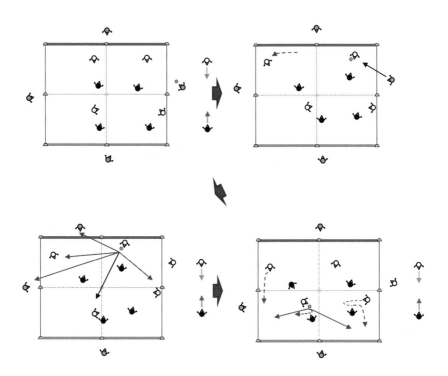

【ゲームイメージと目的】

　目標とした「ラインの突破」を目指す。

　サッカーの原則『突破』を狙うために『幅と厚み』を有効に使えることを目指す。

【ピッチサイズ】

　縦 18m×幅28m

【用　具】

　ボール、マーカー、ビブス

【プレーヤー】

12名：4名×3チーム

ゲームイメージ

・2チームがルールに沿ってコート内で対抗してプレーする。

・もう一つのチームは、コートの各辺に一人を配置して、ボールを保持しているチームのサポート役を担う。ここでは各チームの目的であるラインに配置したサポーター以外の3名のサポーターと協力してライン突破を目指す。

【マネジメント】

・基本的な配置と戦い方のみをプレーヤーに伝え、自由にプレーさせる。

・ゲームは3チーム総当たりで行う。

　1チームは必ずコートの外でサポート役（ボール保持しているチームに対して3名）を担当する。

・時間は指導者が管理し、総当たりが終わる毎に、作戦タイムを設ける。

・ボールを大きく浮かすパスについては、安全面の確保の観点から使うことを禁止する。

【ルール】

・ボールタッチは原則フリータッチとする。

・ボールがコート外へ出たら、はじめにボールを貰える順番のチームが自陣から再スタートする。慣れてきたらボールを出したチームの相手ボールから再スタートする。

・基本的にショルダーチャージを含めて、身体的な強い接触は反則とする。（フェアプレーとセルフジャッジの習慣化）

【発　問】

『認知』自分のところにボールが来る前。

「ボールを持っている仲間は、どんな状態かな？」

「ボールは、どこで受けれたら良さそうかな？」

「味方は、どこにいるかな？」

『認知』自分のところにボールが来たとき。

「目的は何かな？」・「味方はどこと、どこにいるかな？」

　ゲームの目的を意識させて、確認すべき味方の場所と人数について気づかせる。

「ボールはどこに運んだら良さそうかな？」

　ゲームに目的であることを気づかせながら、味方の居る場所を見つけると同時に、視野に入る相手の状態を気づかせる。相手のことを言葉にするのは、最後にとっておき、プレーヤー自身が気づき、見つけることができるように導いていく。

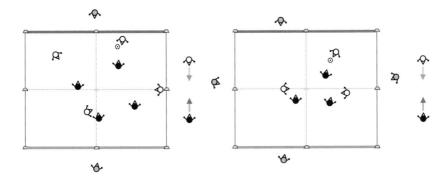

【修正（バリエーション）】

難易度 up

・ピッチサイズの調整…横幅を狭めることと、縦幅を狭めることを両方行う。

・「サポーター」の数を減らす…4名から2名へ、2名から0へ。

難易度 down

・相手コートには2名しか入れないルールを加える。

・「4 vs 4」から「3 vs 3」にコート内の人数を減らし、休みのプレーヤーにゲームを観察させる。観察者は作戦タイムの際にリーダー役を担い総当たりを1回行う。

・作戦タイムの後のゲームのサポーターは、同チームから2名出すこととし、対角線上に配置する。同じチームのサポートしかできないようにして2回目の総当たりを行う。＊その際、各チームで役割をローテンションして行うことを伝える。

【4対4（＋2サポーター）：4ゴール】

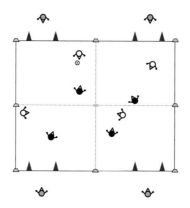

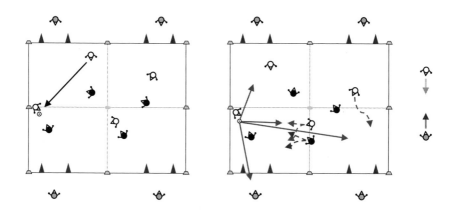

【ゲームイメージと目的】

　目標とした2つのコーンゴールをパスまたはドリブルでの突破を目指す。

　サッカーの原則『突破』を狙うために『幅と厚み』と『活動性』に加え、パスの方向や強さを工夫し『臨機応変』な攻撃にチャレンジすることを目指す。

【ピッチサイズ】

　縦 18m×横28m

【用　具】

　ボール、マーカー、コーン、ビブス

【プレーヤー】

　12名：4名×3チーム

　ゲームイメージ

・2チームがルールに沿ってコート内で対抗してプレーする。

・もう1チームは、コートに配置したコーンゴールの辺に2名配置し、自陣でボールを保持しているチームのサポート役を担う。ここでは各チーム、自陣背後のサポーターと協力して、目的であるコーンゴールにパスを通した数を競い合う。コーンゴールをドリブル通過して1点とする。

【マネジメント】

・基本的な配置と戦い方のみをプレーヤーに伝え、自由にプレーさせる。

・ゲームは3チーム総当たりで行う。1チームは必ずコートの外でサポート役（ボール保持しているチームに対して2名）を担当する。ここでは、コーンゴールの後ろで突破のパスを受ける役も担う。

・時間は指導者が管理し、総当たりが終わる毎に、作戦タイムを設ける。

・ボールを大きく浮かすパスについては、安全面の確保の観点から使うことを禁止する。

【ルール】

- ・ボールタッチは原則フリータッチとする。
- ・相手がクリアーしたボールであっても、外にボールが出たら、出した相手チームのボールで自陣から再スタートする。
- ・基本的にショルダーチャージを含めて、身体的な強い接触は反則とする。（フェアプレーとセルフジャッジの習慣化）

【発　問】

『認知』自分のところにボールが来る前。

「ボールを持っている仲間は、どんな状態かな？」

「ボールは、どこで受けれたら良さそうかな？」

「味方は、どこにいるかな？」

『認知』自分のところにボールが来たとき。

「目的は何かな？」、「ゴールはどこにあるかな？」、「ゴールは何個あったかな？」、「味方はどこと、どこにいるかな？」…ゲームの目的を意識させて、確認すべきゴールの位置・数、味方の位置・人数について気づかせる。

「どこにボールを運んだらゴールチャンスを増やせるかな？」…このゲームの目的が何であるかを気づかせるために、味方の位置と相手との関係性を見つけさせるための発問を投げかける。「相手」に関する情報を気づかせるための直接的な言葉を使うことは、最後まで使わない。このメニューでは、味方・相手・ゴールの関係性について、プレーヤー自身が気づき、突破の方法を自ら見つけることができるように導いていく。

【修正（バリエーション）】

難易度 up

- ・ピッチサイズを微調整する。（縦と横を意図的に狭める）
- ・サポーターの数を減らす。（「4名から2名へ」、「2名から0へ」）

<u>難易度 down</u>

・「4 vs 4」から「3 vs 3」にコート内の人数を減らし、休みのプレーヤーにゲームを観察させる。観察者は作戦タイムの際にリーダー役を担い、総当たりを1回行う。

・作戦タイムの後のゲームのサポーターは、同チームから2名出すこととし、対角線上に配置する。同じチームのサポートしかできないようにして2回目の総当たりを行う。＊その際、各チームで役割をローテンションして行うことを伝える。

・サポーターの位置を自陣後ろから1名をサイドに移動させて3名のサポーターの協力を受けてゴールを目指す。この時、サイドのサポーターはシュートすることはできない。

第Ⅲ部

指導のヒント

第 **9** 章
ゲーム中心の指導法

Ajit Korgalkar & Stuart Currie

（翻訳：安部　久貴）

　ゲーム中心の指導法は、ゲーム－練習－ゲームという一連の流れの中で進められます。ゲーム中心の指導とそれに伴う学習は、最終的なゲームへの転移を可能にするゲーム状況下でのゲーム理解、意思決定、技術的および戦術的なスキル習得を促進します。

1. Play-Practice-Play モデルの構成

　米国サッカー連盟の指導者養成部門は、2018 年に Play-Practice-Play 選手育成モデル（以降：P-P-P モデル）を導入しました。P-P-P モデルには、TGfU（Bunker & Thorpe, 1982）や他のゲームに基づいた指導法と同様の実践方法が多く取り入れられています。効果的にゲームや選手の変化を促すために、指導者はプレーヤー、課題、環境の３つのカテゴリーの制約を操作することによってゲームを修正します。ゲーム中心の指導法では、指導者はプレーヤーの数、ルール、プレーエリアの広さ、用具、および／または活動時間を変更することによって、ゲームや活動をプレーヤーの年齢とスキルに適したものに修正します。

　P-P-P モデルは、30 分から 40 分の体育の授業にも応用できる下記の３段階で構成されています。

【Play フェーズ 1 (8分 -10分)】

- ・プレーヤーが集まったら、30 秒以内で簡単に活動内容の説明をすませて、すぐに活動をはじめる。
- ・デモンストレーションを使用して可視化して、活動やゲームの説明をする。
- ・活動が正しく組織化されていること、ゲーム形式になっていること、そして向上させたい課題が繰り返されること（例えばドリブルなど）を確認する。
- ・分かりやすい言葉、発問および学習を促す明確な称賛と肯定的な励ましを用いる。
- ・グループ学習を使用して、理解度、学習進度および適用度を確認する。

【Practice フェーズ (8-10分)】

- ・必要に応じてプレーエリア、ゴールやボールなどを調整することで、Practice フェーズに素早く移行する。
- ・移行は 2 分以内で行われるべきであり、1 分以内で行われるのが理想的である。
- ・Play フェーズで使用した言葉を再度用いることによって、子どもたちが Play フェーズと Practice フェーズで学ぶスキルを関連付けて学習するのを促す。
- ・このフェーズの初期段階では、簡単な説明やデモンストレーションのみ与える。
- ・活動が正しく行われていること、ゲーム形式になっていること、そして向上させたい課題が繰り返されることを確認する。
- ・プレーヤーのパフォーマンスを観察し、ルール、プレーヤーの数またはプレーエリアの広さを必要に応じて変更する。
- ・適切なタイミングで説明やデモンストレーションを用いて、指導のポイントを伝える。理想的には、説明はゲームの流れの中およびゲームが停止しているときに用いる（例えばアウトオブプレー時）。

【Play フェーズ２ (8-15分)】

・必要に応じてプレーエリアとプレーヤーの数を整理することで、Play
　フェーズ２に素早く移行する。

・Play フェーズ２の内容について簡単に説明する。

・ゴールキーパーを含め 5vs5 以下のゲームを行う。奇数の場合は、プレー
　ヤーの１人をフリープレーヤーにする。フリープレーヤーは常にボール
　を持っているチームのためにプレーする。最も上手もしくは最も未熟な
　プレーヤーをフリープレーヤーにすることは、一般的には良いアイデア
　である。

・一度に大勢のプレーヤーを指導する場合には、5vs5 と 4vs4、4vs4 と
　3vs3 というように複数のゲームを同時にプレーする。

・全員を見ることができる場所に位置取る。複数のゲームを同時に行う場合
　は、フィールドの間もしくは端に位置取る。

・プレー中に給水時間を設けるなどの工夫をしても、競技規則に関しては通
　常通りプレーする（例えばサッカーの場合、スローイン、コーナーキッ
　ク、ゴールキックなどは通常通り）。

・ハーフタイムの時間を前半に関する発問や話し合いに充てる。

・活動を締めくくる際には、発問および振り返りを行う。

・このフェーズでは指導者からの指示は制限する。

2. Play-Practice-Play モデルの実践例

　P-P-P モデルを実践できるようにするために、基本的なサッカーのスキルで
あるドリブルを例に図を用いて説明します。以下に挙げる各フェーズでの活動
を通じて、ドリブルスキルの重要ポイントである、「顔を上げること」「ボール
を押し出す距離によってドリブルスピードをコントロールすること」「止まっ
たり、ターンしたりするのに最適な足の接触部位を理解すること」を学習しま
す。

【Play フェーズ 1：サッカーミュージカルチェア】

・指導者は 30m×30m のドリブルグリッドを設定し、グリッド内に 3m 幅のゴールを配置する（20 人のプレーヤー ＝ 20 ゴール）【写真 9-1 参照】。

・各プレーヤーはグリッドの内の各ゴール上のボールに足を置いて立った状態からスタートする。

・指導者の合図で各プレーヤーはドリブルを開始する。

・プレーヤーはゴールをドリブルで通過することによって得点することができるが、同じゴールをドリブル通過しても得点することはできない。

・時間を決めて実施し、できるだけ高得点を目指して取り組む。

《進行 1》

・自己記録の更新を目指す

《進行 2》

・指導者はゴールの数を一つ減らす。

・プレーヤーは空いているゴールをドリブル通過する。

・指導者の合図で、プレーヤーは空いているゴールの中心でボールの上に足を置いて止まる。

《進行 3》

・指導者はゴールの数をさらに三つ減らす。

写真 9-1　サッカーミュージカルチェア

【Practice フェーズ：チームドリブル】

・指導者は 30m の距離で両サイドをドリブルラインとしたグリッドを設定
　し、プレーヤーを 2 チームに分ける。
・各プレーヤーはボールを持った状態で、各チームのサイドのドリブルライ
　ンの方を向いてグリッドの中央に並ぶ。
・指導者の合図でプレーヤーはドリブルを開始し、ラインを越えてターンし
　て中央を向いた状態でボールの上に足を置いて止まる【写真 9-2 参照】。

《進行 1》

・全てのプレーヤーが、ドリブルラインを越えて中央を向いてボールの上に
　足を置いている状態になれば得点とする。

写真 9-2　チームドリブル

【Play フェーズ 2：アタッカー対ディフェンダー】

・指導者は 30m×30m のグリッド内に 3m 幅のゴールを 15 カ所設置する。
・1 人のプレーヤーがボールを持たないディフェンダーになり、その他のプ
　レーヤーは各自がボールを有するアタッカーになる。
・アタッカーは 1 分でできるだけ多くのゴールを決めるためにボールをドリ
　ブルする。
・ゴールを決めるには、アタッカーはゴールライン上にボールを止め、ボー
　ルの上に足を置く必要がある。
・ディフェンダーはグリッドの内側を走り、1 分でできるだけ多くのアタッ

カーの腕にタッチする。
・ディフェンダーにタッチされたアタッカーは、チームメイトとハイタッチ
　をするまでは、ボールの上に足を置いた状態でその場に留まる。
・ディフェンダーまたはアタッカーとして、1分で何ゴールを決めることが
　できるか挑戦する。
《進行1》
・ディフェンダーを交代しながら行う。
《進行2》
・ディフェンダーの数を2人以上に増やして行う。

写真9-3　アタッカー対ディフェンダー

3. Play-Practice-Play モデルの解説

　P-P-P モデルでは、まず初めの Play フェーズ1で比較的容易なゲームを行い、
そのゲームを行うのに必要なスキルをプレーヤーに気づかせます。例えば上述
したドリブルゲームの場合、自己記録の更新やゴールの数の減少といったゲー
ムの修正をすることによって、ドリブルする際に顔を上げる（足元ばかり見な
い）必要があることや、ドリブルする際にスピードをコントロールする必要が
あることに気づかせます。
　続く Practice フェーズでは、パフォーマンス向上に必要なスキルの習得を
促すような練習を行います。具体例ではラインゴールにして、ドリブルスピー

ドのコントロールを促したほか、ラインを越えたところでターンして止まることにより、ターンしたり、止まったりする際にどの部位でボールに触れると意図的にボールを操ることができるのか学習しています。

そして、最後の Play フェーズ 2 では、Play フェーズ 1 と Practice フェーズを通じて学んだ内容を生かしてゲームを行います。上記の例では再度 Play フェーズ 1 に似せた場の設定の中で、ディフェンダーを配置してドリブルゲームを行っています。そうすることで、Practice フェーズで学んだターンや止まることも含めたドリブルスピードのコントロールを生かしてプレーすることができるほか、さらにドリブルする際に顔を上げることも学ぶことができます。

このように、P-P-P モデルのようなゲームに基づいた指導では、各フェーズで学習する内容に一貫性を持たせ、さらにゲームの修正によって徐々に難易度を上げていきます。それにより、プレーヤーはゲームパフォーマンスを向上させる過程において、各フェーズでの学習を関連づけることが可能になることから、基本的な技術的・戦術的スキル向上のみならず、ゲームに対する理解も促進させることができます。

参考文献

Bunker, D., & Thorpe, R.（1982）. A model for the teaching of games in secondary schools. Bulletin of Physical Education, 18（1）, 5-8.

United States Soccer Federation.（2018）. U.S. soccer grassroots coach education: Play-practice-play（PPP）model: An evidence-based approach. https://www.ussoccer.com/coaching

第 10 章
練習ゲームで選手を育てる：ゲーム観察の仕方
― 指導者は練習ゲームの中で何をみるべきか ―

（羽石　架苗）

1．試合で生きる選手を育てる指導者

　なでしこリーグ以前の日本女子サッカーリーグ、Ｌリーグの JEF ユナイテッドレディースでプレーした後、20 歳を少し超えた私は、アメリカに渡り大学全米優勝を果たし、ユニバーシアード日本代表として銀メダルを獲得しました。その後もアメリカに残り、ニューヨークにあるセミプロチーム・ニューヨークマジックで 6 年間チームキャプテンを務めました。この国境を超えた選手生活を通じて、イタリア人、アイルランド人、アメリカ人、イングランド人、ジャマイカ人、スコットランド人と多様なバックグランドを持った指導者と出会うことができました。サッカーの指導者としては、日本人として初めてアメリカの大学レベルで監督に就任し、マサチューセッツ州にあるマウントホリョーク大学で 13 年間女子サッカー部の指導を行いました。アシスタントコーチ時代も含め、女子サッカー王国と呼ばれるアメリカでの 17 年間に渡る指導経験を通じて、アメリカ人指導者だけではなく、世界中から集まった多くの指導者と出会い、様々なことを学びました。

　これらの選手・指導者経験を通じて、強く感じたことが 2 つあります。1 つ目は、尊敬されている指導者に共通している点は、サッカーを通じての人間教育をするという指導理念です。プレーヤーをプレーヤーとしてだけ見て、サッカーだけを教えるのではなく、サッカーを通じて、生きていくために必要なスキル、人生で成功するための重要なスキル（例えば、リーダーシップスキルやコミュニケーションスキルなど）を教えています。さらに、ユースレベルから

トップレベルを通じて、成功している指導者の共通点の第2点目は、「試合で生きるプレーヤーを育てている」という点です。「試合で生きる」とはどういうことでしょう？　と疑問に思われるかもしれません。簡単に言うと、勝つことにつながるプレーを多くできるプレーヤーです。これらの指導者の多くは、この書籍の中で繰り返し述べられている、ゲーム中心の指導を活用しています。

　ユース指導に限っても、共通したことが言えます。昔から使われている「技術をマスターしてから、ゲームの仕方や戦術を教える」というコンセプトを捨て、「ゲームの中で技術や戦術を教える」という観点から子どもたちのサッカー指導に取り組んでいます。練習の中で多くのゲーム形式を活用し、子どもに考えさせ、試合で使える技術を育て、ゲーム感覚を養います。こういった指導が効果的であるということは、世界中で行われている研究でも立証されています。このゲーム中心の指導は、練習の中でさまざまなゲーム形式を使って指導する特徴から、指導者がゲームの中で何を見ているのか、どういうことを観察するのかといった点が、効果的な発問やゲーム設定、ゲーム指導に重要なポイントとなっていきます。そこで、この章では、ゲーム観察の重要性とゲーム観察の仕方について、主にユース指導という観点から説明していきます。

2. ゲーム観察の重要性

　先ほども述べましたように、このゲーム中心の指導において、指導者のゲーム観察力は、指導成功の大きな鍵となっていきます。この指導の根本的なアイデアは、「ゲームに指導させ、ゲームの中で上手になっていく」ということです。ブラジル代表が時折見せるクリエイティブなプレーは、彼らが、近所の子どもたちとプレーして育ったストリートサッカーから来るゲームセンス・ゲーム感覚だとよく耳にします。ここに、子どもの時だからこそ培えるサッカーセンスがあります。ユース指導者として、どういったゲームを設定するのか、どういう発問をしてゲーム中での考える力を培うのか、オン・ザ・ボールやオフ・ザ・ボールでの動きをどのようにゲームの中で指導するのかがとても重要

であり、このゲーム中心の指導の成功の鍵となります。更に、この指導ポイントを指摘する以前に、指導者が「ゲームの中で何を観察するのか」や「ゲームの中の何を見るべきなのか」ということを理解しなくては、効率的なゲームを設定することもできませんし、効果的な発問をすることもできませんし、ゲームを通じて教えようとしている技術や戦術がゲームの中で頻繁にトレーニングされているのかということも分かりません。ゲーム中心の指導は、ただゲームをしていれば良いという訳ではありません。ゲーム形式を使っていかに効果的にサッカーを教えるか、ということが指導者の能力にかかってきます。指導者の「ゲームを見る目」が大切なのです。

3.　ゲーム観察の仕方

　ゲーム観察の重要性が分かったところで、指導者として、ゲームの中でどういうことを見たら良いのかということを以下の4つの項目（①練習ゲームの構成、②ボールを持った時「オン・ザ・ボール」、③ボールを持っていない時：攻撃「オフェンシブ・オフ・ザ・ボール」、④ボールを持っていない時：守備「ディフェンシブ・オフ・ザ・ボール」）に分けて説明していきたいと思います。

a.　練習ゲームの構成
　先ほども述べましたように、ゲーム・センターアプローチは、ただサッカーゴールを2つ置いて、子どもたちにサッカーボールを渡しておけば良いという訳ではありません。その日のトレーニングの目的や子どもたちの能力などに応じて、フィールドの大きさや人数、ボールやゴールの数、ルールを変えていくことで、効果的にゲームを使ってサッカー指導を行います。例えば、その日の練習の目的が、「ファーストタッチ・ファーストコントロール」だとします。指導する子どもたちの能力に応じてフィールドの広さを決めます。まだボールを狭いスペースでとめることができない子どもたちには、大きめのフィールドを作ります。できるだけ多くの子どもたちにファーストタッチの練習をする

場を与えるために、フルのゲームではなく、少なめの人数（3対3くらい）にします。ボールはひとつで、ゴールも「ゴールに向かってのファーストタッチ」ということで指導するのであれば、両サイドにひとつずつ設定します。最後に、ファーストタッチを強調するために、通常のサッカールールの他に「全員、少なくともツータッチしなければならない」というルールを付け加えます。その事で、子どもたちは、パスをする前に必ずファーストタッチをしなければならないことから、周りに敵と味方がいる状況で、いかに効果的に、ボールを失わないように、ファーストタッチをするかを、ゲームの中で練習することができます。

　ゲーム観察という点で、第一に指導者が観察しなくてはいけないことは、設定したゲームで、指導者が意図した技術や戦術（その日のトレーニングで強調して練習したいこと）が、効果的にトレーニングされているかということです。設定したゲームの中で、練習したいゲーム状況がうまく作り出されているかをいち早く見抜く必要があります。その観察結果によっては、以下のようなことを調整する必要があります。

　・ゲームのルール

　・フィールドの広さ

　・子どもの人数

　・ボールやゴールの数

　例えば、「外からの攻撃から、クロスを上げてフィニッシュする」というゲーム状況を意図としたトレーニングを行うとします。そのために、ゴールの距離を近くして、横に長いフィールドを設定しました。子どもの人数も能力に合わせて4対4にして、ボールは1つとしました。ところが、ゲームを始めてみると、「ボールを外にパスをして、一度開いてから、クロスで攻撃する」という意図とは外れ、ゴールの距離が近いことから、多くの子どもたちが真ん中からシュートを打ち出したとします。その状況をいち早く観察した指導者は、フィールドの両脇にチャンネル（細いスペース）を作って、「シュートをする前に、ボールがこのスペースを通らなければならない」というルールを付け加えます。その調整によって、ボールの動きが外からゴール前に入ってくる状

況を作ることができます。ここで多くの子どもたちは、「なぜゴールがこんなに近いのに、わざわざボールを一度外にパスしなくてはいけないのか？」という疑問を抱くでしょう。その通りです。ゴールを決めることが目的のサッカーで、なぜそういった遠回りをする必要があるのでしょう？　発問については、別の章で詳しく述べられていますが、この状況では指導者は、「いつも真ん中から攻めていたら相手のディフェンダーはどうなる？」という発問ができるでしょう。その発問によって、子どもたちは、ボールを一度外に送ることで、相手のディフェンダーを散らしてから、攻撃するという戦術を学ぶことができます。この例は、少し年齢の大きな子どもたちの例ですが、設定したゲームの中で、上にあげた4つの項目が、その日のトレーニングの目的を達成するという意味で、効率よく設定されているかを素早く観察することがとても重要となります。

b. ボールを持った時「オン・ザ・ボール」

　ゲームが効率よく設定されていることを確認した後は、本格的にサッカーの技術、戦術の指導のためのゲーム観察に入ります。ゲーム観察の中で、指導者が注目する点の1つ目は、ボールを持った時「オン・ザ・ボール」の動きです。ボールを持った子どもが以下にあげたような項目をどのように行っているかを観察します。

　　・ボールを受ける前に周りを見ているか？
　　　　When：いつ見ているか
　　　　Where：どこを見ているか
　　　　What：何を見ているか（味方、敵など）
　　・ファーストタッチは効率良くいるか？
　　　　ボールを失わないファーストタッチ
　　　　次の攻撃へつながるファーストタッチ
　　・次のプレーへの判断は効果的か？
　　　　判断スピード
　　　　判断の的確性

・次のプレーを効率的に行う技術が発揮されているか？

　　技術の精度

　　技術の選択（例えばインサイドパス VS アウトサイドパス）

　どこまで、細かく観察するかは、指導している子どもの年齢やサッカーのレベルによって変わってきます。これらのことを観察して、<u>子どもがボールを持った時に、何を見て、何を判断して、効果的な技術を使って、次のプレーを行っているか</u>、を指導者としてゲームの中で観察することが、効果的な発問、ゲームの中でのサッカー指導につながっていきます。

　例えば、ゴール前のボールの受け方から、ゴールへつながるプレーを練習するとします。サッカー指導用語で言うと、オフェンシブ・ファイナルサード（攻撃での最後の3分の1）が、その日の練習テーマだとします。ゴール前でのゲーム状況を頻繁に作り上げるために、2つのゴールを近い距離に設定します。人数は、子どもたちのサッカーの能力に合わせて決めますが、ここでは4対4とします。そして、ゲームを行っている中で、ボールを持った子どもが、先ほど述べたような項目を、どのように行っているかを観察します。ボールを受ける前に、まずゴールを見ているでしょうか？　周りの相手の状況、味方のポジショニングは、見ているでしょうか？　どのタイミングで見ているでしょうか？　ファーストタッチの質も観察します。次のタッチでシュートを打てる場所にボールを止めているでしょうか？　相手にボールを奪われないような位置にボールを止めているでしょうか？　シュートを打てない状況であれば、次のプレーへつながるファーストタッチをしているでしょうか？　パスをする選択であれば、効果的なスルーパスを送れる技術を正確に発揮しているでしょうか？　これらの判断は、素早く行われているでしょうか？

　こういった「オン・ザ・ボール」の動きを細かく観察できる能力が、ゲーム中心の指導を練習に導入している指導者にとって、重要なポイントとなってきます。その日のトレーニング目的によって、「オン・ザ・ボール」のどのようなことを中心に観察するかと言うことを、前もって練習プランに書き込んでおくことも、効果的に練習を進める上で、重要なことだと言えます。

c. ボールを持っていない時：攻撃「オフェンシブ・オフ・ザ・ボール」

　ご存じの通り、サッカーの試合では1つのボールを22人の選手が共有します。子どものサッカーでも8対8であれば、16人の子どもたちが1つのサッカーボールを使って試合をします。ということは、サッカーという競技は、ボールを持っていない「オフ・ザ・ボール」の時に何をするかということが重要となります。ユースの世界大会の試合を使って行った研究で、90分の試合中、ボールがフィールドの中にあったのが約60分間、その60分のうちそれぞれのプレーヤーがボールに触った時間は多くて2分から3分間だったというデータを読んだことがあります。ユースサッカーの指導者として、その残りの57分間で子どもが何をすべきか、どういう「オフ・ザ・ボール」の動きが効果的なのかを、練習の中で、十分トレーニングする必要があります。ゲーム中心の指導は、この「オフ・ザ・ボール」の戦術を高めるという目的でも、効果的な指導だといえます。指導者として、練習ゲームの中で、子どもたちがボールを触っていない時の動きをしっかり観察することが、この「オフ・ザ・ボール」の戦術向上にとても重要だといえます。「オフ・ザ・ボール」の動きは、チームがボールを持っている時「オフェンシブ（攻撃時）」の「オフ・ザ・ボール」の動きと、相手チームがボールを持っている時「ディフェンシブ（守備時）」の「オフ・ザ・ボール」の動きと分けて観察することができます。

　まず初めに、自分のチームがボールを持っているオフェンシブ（攻撃時）の「オフ・ザ・ボール」のゲーム観察について考えてみましょう。オフェンシブ（攻撃時）の状況で、自分とボールの位置によって、

　　・ボールを持っているプレーヤーを直接サポートする

　　・ボールを持っているプレーヤーとその後のプレーを間接的にサポートするという2つの状況に分けて観察すると、子どもたちも理解がしやすくなります。ボールを持っている子どもと近い距離に位置している子どもは、そのボールを持っている子どもを直接どのようにサポートするかを以下の観点を中心に指導します。

　　・パスを受ける角度

　　・パスを受けるタイミング

・パスを受ける距離

・パスを受ける前の動き（例えば逆の方向にフェイントを入れるなど）

・パスを受ける時の声かけ

・サポートをする声かけ（ボールを持っている子どもへの情報提供）

・パスを受けるふり「ダミー」をする動き

　その日のトレーニングの目的や、子どものサッカー経験年数、技術力、ゲームへの理解度などによって、どこまで細かく「オフ・ザ・ボール」の動きを観察するかを判断します。ボールを持っている子どもの周りの子どもが、サポートの動きを効果的に行っているかを観察するということです。例えば、サポートの角度を簡単に教える「トライアングルサポート（三角形のサポート）」の練習が目的のトレーニングをするとします。パスを３本以上回してからでなくてはシュートをしてはいけないというルールを付け加えて、相手のゴールへ攻めるという練習ゲームをします。特に年齢の小さい子どもたちやサッカー経験の浅い子どもたちは、パスを受けようと、どんどんボールの近くに集まってくる光景をよく見かけます。さらに、相手のチームの子どもの影に隠れているのに「こっち、こっち」と大きく手を振ってボールを受けようとしている子どももよく見かけます。こういった状況で、指導者として、子どもたちの直接サポートの動きを観察し、**「フリーズ（一時停止）、クエスチョン（発問）、アジャスト（訂正）、リハーサル（試行）、ライブ（一時停止解除）」**の指導方法を使って、「オフ・ザ・ボール」での直接サポートの戦術を指摘、指導していきます。パスゲームの例では、ゲームを一時停止し、相手の影に隠れながらもボールを受けようとしている子どもに「このポジショニングだと、簡単にパスを受けられるかな？」「どこに動いたら、もう少しパスが受けやすくなるかな？」といった発問をします。その答えによって、子どもにパスを受けやすいポジションに動き直してもらいます（訂正）。その後、その一連の流れを掴むために、2、3プレー前からのボールの動きをもう一度練習します（試行）。この一連のやり取りで、相手と相手の間に顔を出す、相手チームの選手がいない所に動いて、パスを受けるという個人戦術を指摘し、元の練習ゲームに戻ります（一時停止解除）。

　さらに、もう少しサッカー経験のある子どもたちのゲーム指導では、間接的な「オフェンシブ・オフ・ザ・ボール」のサポートも、指導者として観察する必要があります。間接的な「オフェンシブ・オフ・ザ・ボール」のサポートとは、コーチング用語でいうと「第三者の動き」ということです。自分とボールの距離が遠くても、次のその次のプレーを考えて、動きをとるという個人戦術能力の向上が重要だからです。その間接的なサポートを観察する上で、上記にあげたサポートを観察する観点に加え、最も重要なことは、動きの「タイミング」です。ゲーム観察例として、外から入ってくるクロスに合わせてシュートをするというゲーム設定をしたとします。多くの子どもたちは、クロスを受けることが楽しみで、外にボールをパスしている時点で、ゴール前に入ってきてしまいます。止まってクロスを受けるのではなく、クロスが入ってくるタイミングで、走り込んでシュートをするというコンセプトを指導するためには、このゲームの中で、間接的な「オフェンシブ・オフ・ザ・ボール」のサポートをしっかり観察する必要があります。その観察結果によって、ゴール前に入ってくるタイミングを指摘する発問をすることができます。

d.　ボールを持っていない時：守備「ディフェンシブ・オフ・ザ・ボール」

　「オフ・ザ・ボール」の動きを観察するという点で、忘れてはいけないのが、ディフェンシブ（守備的）な「オフ・ザ・ボール」の動きです。オフェンシブ（攻撃時）の「オフ・ザ・ボール」の観察と同じように、以下のような、いくつかの段階に分けてディフェンシブ（守備的）な「オフ・ザ・ボール」の動きを観察する必要があります。

　　・直接ボールに関わった守備：**プレッシャー**（第一ディフェンダー）

　　・第一ディフェンダーのカバー：**カバー**（第二、第三ディフェンダー）

　　・直接ボールの守備に関わらない守備：**バランス**（第四ディフェンダー）

　ボールに一番近いディフェンダー（第一ディフェンダー）を観察するときには、その子どものボールへの距離、スタンス（守備体制）、チームメイトへの声かけ（「自分がいく！」や「オッケー」など）を観察します。カバーの動きを観察する上では、自分と第一ディフェンダーの距離、角度、スタンス（守

備体制）、そして第一ディフェンダーへの声かけなどを観察します。直接ボールのディフェンスに関わっていない、守備のバランスをとっている子どもたちの観察は、選手間の距離、声かけ、スタンス（守備体制）を中心に見ます。このゲーム観察の状況でも、「**フリーズ（一時停止）、クエスチョン（発問）、アジャスト（訂正）、リハーサル（試行）、ライブ（一時停止解除）**」の指導方法を効果的に活用することで、ゲームの中で、短い時間に、的確な重要ポイントを指摘することができます。

4. ゲーム中心の指導の鍵となる観察

　ヨーロッパ、アメリカ、オセアニアを中心に世界中で行われている、多くの研究が、ゲーム中心の指導を効果的な指導方法の一つとして立証しています。特にサッカーは、バスケットボールのように、指導者が試合の途中でタイムアウトを取って戦術の訂正やアドバイスすることができません。野球のように、攻守が変わるタイミングで、選手やチームにアドバイスする事もできません。ゲーム中心の指導を活用することで、ゲームの中で、自分で考えて動くことができる選手、ゲームの中でクリエーティブな動きができる選手、試合で生きる選手を育てることができます。そのゲーム中心の指導を効果的にトレーニングで使っていくためには、指導者が、ゲームの中で、何を観察するのかがとても重要なポイントとなります。この章では、ゲーム観察の仕方について、練習ゲームの構成、ボールを持った「オン・ザ・ボール」時、そして、攻撃時と守備時でのボールを持っていない「オフ・ザ・ボール」の状況に分けて事例を挙げながら説明しました。どんなことを観察したらいいか、項目を細かく挙げて説明していますが、それぞれ指導する子どものサッカー経験歴や技術レベル、年齢などに合わせて、どこまで細かく観察したらいいかを指導者本人が判断します。前述したように、トレーニングの目的に合わせて、その日はどういったことを中心に観察していくかという観察プラン（コーチングポイント）も、練習プランの中に含めることが、ゲーム中心の指導をいかに効果的にトレーニングの中に活用していくかの鍵になります。指導者が中心になって、プレーヤー

に答えを植え付けていく指導、プレーヤーを型にはめていく指導では子どもたちは育ちません。ゲームの中で、プレーヤーに考えさせ、感じさせ、試行させることで、試合に生きるプレーヤーが育ちます。その過程を促していけるかどうかが、指導者の能力にかかってきます。

第 11 章
ゲーム中心の指導における発問

Bianca Aguiar

（訳：鈴木　直樹）

1. ゲーム指導上の課題

　ゲーム中心の指導（以下、GBA と表記）の有効性を示唆する重要な研究が数多く行われています。それにもかかわらず、世界中の教師やコーチが直面している様々な課題が、これらの指導が普及していくことを妨げています。その一つが、指導中の発問といえます。

　発問をすることは、すべての GBA においてプレーヤー中心の学びを促進するための主要な手段の一つとして知られています（例えば、Forrest, 2014; Harvey, Cope & Jones, 2016; Light, 2013; Light & Harvey, 2017; Wright & Forrest, 2007 を参照のこと）。しかし、「生産的で生成的な発問の効果的な使用」（Harvey & Light, 2015, p.175）は、教師やコーチにとって大きな課題となっていると認識されています（例えば、Howarth, 2005; Turner, 2014; Roberts, 2011 を参照）。この章では、GBA を実施する際に教師やコーチが直面する発問を行うといった課題を解決していくために、GBA における発問の目的と重要性を解説するとともに、発問の行い方について提案し、ゲーム指導における具体的な発問例を提供することを目的としています。

2. 発問と GBA

　GBA の主要な目標は、戦術的理解、批判的思考、意思決定能力を育むことを通してゲームに貢献できるプレーヤーを育成することです。発問はこれらの

目標を達成する上で重要な役割を果たしており、良質の発問を効果的に活用していけば、プレーヤーの学びにおいて持続可能な肯定的な結果を生み出すことができます。

　発問の使用によって、プレーヤーは、学習成果物を積極的に構築していくことを促進されます。すなわち、GBA における発問の活用は、社会的相互作用の産物として知識や技能を捉える構成主義的な本質と一致しています（例えば、Davis & Sumara, 2003; Light, 2008 を参照）。発問は、対話、議論、および内省といった意図的な社会的相互作用を促し、学習を促進する上で基本的な役割を果たし、「学びを真正で意味のあるものにしながら、深い理解を促進することができます」（Light & Harvey, 2017, pp. 271-272）。

3. 発問方法の工夫

　発問をただするという行為だけでは、GBA の実施を自動的に促進したり、サポートしたりすることはできません。学びを生み出すためには、教師やコーチが使用する発問は、上述したように、思考、内省、社会的相互作用を促すべきです（例えば、Cushion, 2013; Harvey & Light, 2015 を参照）。

　Metzler（2011）は、ブルームの分類法（1956）に基づいて、Anderson ら（2001）によって改訂された低次の問題は、高次の問題よりも「低次の知識を基にして」（p.108）、行動を起こし、最終的には新しい知識を生み出すために「分析、合成、評価」のスキルを必要とする（p.107）と指摘しています。「教師はほとんどの場合、事実を探索するような質問をする傾向があり、プレーヤーに情報の想起を超えて考えることを要求する質問は少ない」（Mawer, 1995, p.215）とされています。この点で、プレーヤーに力を与え、有能な問題解決能力を身につけさせるためには、教師やコーチが以下のことを行うことが重要です。

　① 指導と発問を綿密に計画すること。

　② 低次の発問や同じ発問を繰り返すことを避けること。

　③ 発問の見直しを行うために、指導を振り返ること。

（例えば、Harvey & Light, 2015 を参照）

（1） 目的の成果を得るためのセッションの計画と適切な質問の仕方

指導を計画し、その結果として使用されるミニゲームや適切な発問を使用することは、GBA を成功させるために非常に重要です。Kinnerk, Harvey, MacDonncha, Lyons（2018）が提案しているように、「計画を立てるという行為は、次の指導のメンタルモデルとして機能し、教師やコーチが練習、行動、プレーヤーの学びの間に明確な接続を確立するのを助けることができます」（p.408）。教師とコーチが GBA を行う中で発問の行い方を発展させるのを助けるために、Harvey と Light（2015, p.185）は発問の段階的な発展を理解し、促進するのに役立ついくつかのヒントを提供しています。

① 小さな集団で発問することから始める – 小規模の集団への指導で、発問を工夫することをスタートさせて、発問のスキルが向上し、それが効果的かつスムーズにできるようになったと感じられるようになったら、他の集団やもう少し大きな集団でそれを適用させていくようにしましょう。

② 好きなスポーツを選択する – もし、みなさんが教師であれば、さまざまなスポーツの指導を行うと思います。その場合、まず精通しているスポーツを選んで、発問の工夫をスタートさせると良いでしょう。

③ ミニゲーム、条件付きゲームや「Piggy in the middle という間の人にボールを取られないように 2 人で投げ合うゲーム」のような戦術的な複雑さを構築するゲーム的な活動に焦点を当てた学習活動を計画してください。GBA の経験の浅い教師やコーチは、修正ゲームをより簡単にしたり、より難しいものにしたりするための選択肢を事前に計画しておくべきです。

④ 上記の学習活動や、アイデアの意見交換などの構造化された発問形式を用いた「きっかけとなる発問」（表 11-1 を参照）を用意します。

⑤ 内省を生み出し、すべての学習者に対して公平に貢献することができる発問のエピソードをどのように管理するかを計画します。

⑥ 可能であれば、同僚と一緒に（上記のステップ 3 〜 5）指導を計画し、その人に指導を見学してもらいましょう。同僚との協働は、課題を解決するために非常に役立ちます。

表 11-1　「きっかけとなる発問」の例とそれが生み出す思考の種類

質問	それが生み出す思考のタイプ
パスを出す最も良いタイミングはいつですか？	意思決定
ボールを持っている人が楽になるように、ボールを持たない人の動きを改善するにはどうしたらいいのでしょうか？	評価情報を収集すること
ボールを持っていない人がボールを保持し続けるために最も重要なことは何ですか？	価値判断をすること
チームメイトに難しいボールをパスしたらどうなるかな？	結論を導き出す／結果を推論する

　発問を計画し、工夫していく過程では、教師やコーチがあきらめず、学習の過程で失敗が起こることを理解することが大切です。教師やコーチが自信を持てるようになれば、その結果も明らかになってきます。教師やコーチが内省や思考を引き出すことを促すきっかけとなる発問を行うことは、特に初期の段階では必要不可欠です。Harvey and Light（2015, p.181）は、Carrie Kracl（2012）の社会科指導における発問に関する研究を引用し、「Piggy in the middle」のゲームのために以下の「きっかけとなる発問」を提案しています。

　発問の使用は適度に柔軟性があります。教師やコーチが指導や特定の状況を評価するときに、いつ、どのように、どのくらいの頻度で発問を実施したり、必要としたりするかを決定します。しかし、特に指導の初期段階では、いつ、どのように発問が使われるかについての「メンタルモデル」（Kinnerk et al., 2018）を持つことが重要です。Harvey and Light（2015, pp. 185-186）のゲーム中心のアプローチにおける学びのための発問に関する研究に基づいて、以下の図は、「P」プロセス（1-Purpose（目的）、2-Play（遊び）、3-Pause（間をおく）、4-Prepare（準備）、5-Probing（徹底した分析）、6-Action Plan（行動計画））を使用して、指導でどのように発問を構成することができるかの例を示しています。

　プレーヤーに行動計画を立てさせた後は、ゲームを再び行い、プレーヤー自身が計画した戦略を試して、それがゲームの中でどのように機能しているかを

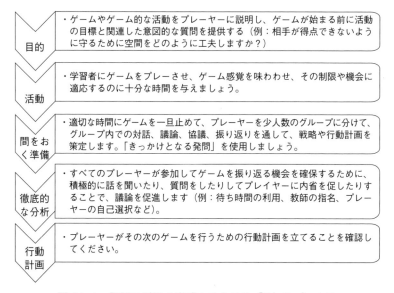

目的
・ゲームやゲーム的な活動をプレーヤーに説明し、ゲームが始まる前に活動の目標と関連した意図的な質問を提供する（例：相手が得点できないように守るために空間をどのように工夫しますか？）

活動
・学習者にゲームをプレーさせ、ゲーム感覚を味わわせ、その制限や機会に適応するのに十分な時間を与えましょう。

間をおく準備
・適切な時間にゲームを一旦止めて、プレーヤーを少人数のグループに分けて、グループ内での対話、議論、協議、振り返りを通して、戦略や行動計画を策定します。「きっかけとなる発問」を使用しましょう。

徹底的な分析
・すべてのプレーヤーが参加してゲームを振り返る機会を確保するために、積極的に話を聞いたり、質問をしたりしてプレイヤーに内省を促したりすることで、議論を促進します（例：待ち時間の利用、教師の指名、プレーヤーの自己選択など）。

行動計画
・プレーヤーがその次のゲームを行うための行動計画を立てることを確認してください。

図 11-1　発問の活用を実践するための「P」のプロセス

確認するのが基本です。このプロセスは、指導のために利用可能な時間に応じて繰り返すことができます。指導の終末には、必要に応じて発問を繰り返してプレーヤーがどれだけ内容を理解し、それを自分のものにすることができたかを把握し、学びを振り返るための質問をして終わりにすることが重要です。

（2）低次の発問や同じ発問を繰り返さない

　低次の発問は、ほとんどの場合、二者択一のイエスかノーによる回答や、ほとんど思考することなく簡単に回答できるものが多いと思います。それとは対照的に、オープンエンド形式の高次の発問は、問題を解決するための策や戦略を立てるために批判的に考えることをプレーヤーに促します（表 10-2 の例で示されているように、Harvey, Cope & Jones, 2016, pp.30-34; および Harvey & Light, 2015, p.180 から引用）。高次の発問を使用する場合、教師やコーチはファシリテーターとしての役割を果たし、学習者に正解を与えるのではなく、内省のプロセスを通して学習者を導きます。

表10-2　小規模なゲーム中のスペースの使用についてプレーヤーに発問する
　　　　際の低次および高次の質問の例

低次の発問	高次の発問
Q：「Y 選手」がディフェンダーを引きつけてパスを出しました。それが最善の選択だったのでしょうか？ A： はい／いいえ	Q：ボールを持っていない選手がボールを持っている選手を支援するにはどうしたらいいですか？ A：パスを受けることができる場所に移動すること。 Q：それはどこにありますか？ A：ディフェンダーから離れた場所です。
Q：「プレーヤー X」は良い空間に移動できたと思いますか？ A： はい／いいえ	Q：なぜオープンパッシングレーンが重要なのか説明してください。 A：パッシングレーンが空いていることは、パスがカットされるリスクが少ないということから重要です。
Q：ドリブルするという判断は良かったですか？ A： はい／いいえ	Q：ゲームの文脈に即してドリブルをすることの意味を説明してもらえますか？ A：ボールの占有率を高く維持することができ、得点の機会を増やすことにもつながるということです。

　低次の発問では、プレーヤーに事前に決められた正解を回答することを求めることがよくあります。その意図は通常、教師やコーチの期待に対応することであり、答えは正解か不正解かのどちらかであるとみなされます。それとは反対に、より高次の発問は、「なぜ？」「どのように？」のような疑問詞を使用して（例えば、Harvey, Cope & Jones, 2016 を参照してください）、プレーヤーのより深く思考した結果によって導かれる回答を促し、さまざまに異なる回答を引き出すことができます。発問の主な目的は、思考と問題解決を刺激することです。したがって、発問は可能な回答を制限すべきではなく（Wright & Forrest, 2007）、可能な回答や解決策の範囲を生成する必要があります。発問は批判的な思考を促進するだけでなく、異なる考えや回答が出てくると、プレーヤー、教師、コーチ間の議論や対話を生成します。

　低次の発問は、ゲームや指導中の特定の状況に言及しているため、限定的な場面でのみ適用可能な力につながりがちですが、高次の発問は、いくつかのスポーツに見られるゲームの戦術的な側面に焦点を当てているため、転移可能な能力を引き出します。例えば、サッカー、バスケットボール、ラグビーなどの

ようにスペースが非常に重要なゲームでは、表10-1と表10-2で提案されているすべての高次の発問が適しており、プレーヤーの思考力や意思決定能力を伸ばすことができるでしょう。

（3）　発問の見直しを行うために、指導を振り返る

　教師やコーチが指導中に発問を使用する能力を向上させるためには、指導を振り返ることが不可欠です。また、同僚に自分が指導している様子を観察してもらい、発問をどう使っていたかを報告してもらい、自分自身に下記のように問いかけて内省することが大切です。

　　・プレーヤーはどのように学びに参加していましたか？
　　・発問の行い方の工夫によって、プレーヤーはどの程度、能力を向上させたと感じましたか？
　　・発問の行い方を工夫することで、プレーヤーは何を学んだと感じましたか？
　　・発問の行い方を工夫して提示した学習課題に関わって、プレーヤーはどれくらいの話をすることができましたか？
　　・この指導の結果は、今後の指導でどのようにプレーヤーの学びの足場にすることができますか？

　これらの振り返りは、教師やコーチとして持続的に成長していくために非常に重要です（Harvey & Light, 2015, p.186）。

4.　質の高い発問を目指して！

　GBAに関する文献では、ゲームデザインと発問が効果的に行われた場合、プレーヤーの意思決定と戦術意識を向上させることが明らかにされています。本章はGBAを実施する際の発問の目的とその重要性を説明することを意図し、HarveyとLight（2015）の研究に基づいて、指導の文脈での発問の工夫の仕方とその実践例を提示してきました。発問の活用は、それぞれの指導における文脈やグループの特徴に応じて柔軟に対応することが大切です。本章では、教

師やコーチが発問を工夫して活用する際の課題に対応できるような手掛かり
を示すことに心がけてきました。発問を工夫するための構造と指針を提供して
いますが、教師やコーチがGBAにおける発問の役割を理解し、発問の仕方で
はなく、いつ、なぜ発問をするのかを理解し、技術的な知識よりもそれを支え
ているような基礎知識と活用するための知恵を身につけることが非常に重要で
す。

参考文献

Anderson, L.W., Krathwohl, D.R., Airasian, P.W., Cruikshank, K.A., Mayer, R.E., Pintrich, P.R., & Wittrock, M.C. 『*A taxonomy for learning, teaching, and assessing: A revision of Bloom's taxonomy of educational objectives.*』 New York, NY: Pearson, Allyn & Bacon. (2001)

Bloom, B. S. 『*Taxonomy of educational objectives: The classification of educational goals* (1st]. ed.)』 New York: Longmans, Green. (1956)

Cushion, C. Applying game centered approaches in coaching: A critical analysis of the 'dilemmas of practice' impacting change. *Sports Coaching Review*, 2, 61-76. doi:10.1080/21640629.2013.861312 (2013)

Davis, B., & Sumara, D. Why aren't they getting this? Working through the regressive myths of constructivist pedagogy. *Teaching Education, 14* (2), 123-140. doi:10.1080/1047621032000092922 (2003)

Forrest, G. Questions and answers: Understanding the connection between questioning and knowledge in game-centred approaches. In R. Light, J. Quay, S. Harvey, & A. Mooney (Eds.), 『*Contemporary developments in games teaching*』 London: Routledge. (2014) (pp.167-177)

Harvey, S., Cope, E., & Jones, R. Developing questioning in game-centered approaches. 『*Journal of Physical Education, Recreation & Dance*』, *87* (3), 28-35. doi:10.1080/07303084.2015.1131212 (2016)

Harvey, S., & Light, R. L. Questioning for learning in game-based approaches to teaching and coaching. Asia-Pacific 『*Journal of Health, Sport and Physical Education*』, *6* (2), 175-190. doi:10.1080/18377122.2015.1051268 (2015)

Howarth, K. Introducing the teaching games for understanding model in teacher education programs. In L. L. Griffin & J. I. Butler (Eds.), 『*Teaching games for understanding: Theory, research and practice*』. Champaign, IL: Human Kinetics.(2005)

（pp.91-105）

Kinnerk, P., Harvey, S., MacDonncha, C., & Lyons, M. A review of the game-based approaches to coaching literature in competitive team sport settings. *Quest, 70* (4), 401-418. doi:10.1080/00336297.2018.1439390（2018）

Kracl, C. L. Review or true? Using higher-level thinking questions in social studies instruction.『*The Social Studies*』*, 103*, 57-60. doi:10.1080/00377996.2011.586382（2012）

Light, R. *Sport in the lives of young Australians*. Sydney: Sydney University Press.（2008）

Light, R. L. *Game Sense: Pedagogy for performance, participation and enjoyment*. London: Routledge.（2013）

Light, R. L., & Harvey, S. Positive pedagogy for sport coaching. *Sport, Education and Society, 22*（2）, 271-287. doi:10.1080/13573322.2015.1015977（2017）

Mawer, M.『*The effective teaching of physical education*』. London: Longman.（1995）

Metzler, M. W.『*Instructional models for physical education*』（3rd ed.）. Scottsdale, Ariz: Holcomb Hathaway, Publishers.（2011）

Roberts, S. J. Teaching games for understanding: The difficulties and challenges experienced by participation cricket coaches.『*Physical Education and Sport Pedagogy*』*, 16*, 33-48.（2011）

Turner, A. Learning game concepts by design. In R. Light, J. Quay, S. Harvey, & A. Mooney（Eds.）,『*Contemporary developments in games teaching*』. London: Routledge.（2014）（pp.193-206）

Wright, J., & Forrest, G. A social semiotic analysis of knowledge construction and games centred approaches to teaching.『*Physical Education and Sport Pedagogy*』*, 12*, 273-287.（2007）

あ と が き

　現在のコロナ禍において、われわれは自らの振る舞いを決定する要因をマス・メディアの情報を参考に取捨選択し自律した行動を続けています。しかしながら、実際には思いもよらない場所や行動範囲の中でウイルスに感染する可能性があることわかってきた以上、われわれはこれからもウイルスと共存し生活を続けていく心構えを持つことが大切になってくると思います。

　ボールゲームの代表的なスポーツである「サッカー」は、仲間と協力して相手との駆け引きを楽しむスポーツです。集団でプレーを楽しむためには、「認知・判断・決断・実行」を繰り返し、一人ひとりの「ゲームセンス」と「身体的な諸能力」を同時に駆使して仲間とコミュニケーションを取り目的達成を目指すことが重要になります。これらの一連の活動が、われわれは社会で役立つ力の一部を獲得できると考え本書を作成してきました。特に、大学教員と育成年代の指導のスペシャリストであるプロサッカーコーチの菊原志郎氏がコラボレーションして作成した点は本書の特徴であります。加えて、国外の研究者の視点が加えられている点にも着目し、皆様が普段から抱えている不安や疑問を解決するために、本書を参考にしていただけましたら幸いに思います。

　本書の出版にあたり、これまで編著者のサッカーと教育に関わっていただいたすべての方々と家族の方々に感謝いたします。そして、出版にあたり企画段階からずっと支えていただいた株式会社大学教育出版の佐藤宏計さんに感謝の意を表します。サッカー活動を通して子どもたちが獲得していく力に終わりはありません。子どもたちが主体的にサッカーの時間を通して力を磨くことによって、そこで獲得した力を社会で発揮し、彼らがこれからの社会をより良い方向へ改善してくれることを期待していきましょう。「はじめは誰でも素人」。われわれ大人が学び続ける意志と新たな指導法にチャレンジする勇気を持って、柔軟でしなやかな指導実践を繰り返すことから、サッカーの時間を通して子どもたちの基礎力をともに育んでいきましょう。

　サッカーの活動を通して子どもたちは局面の状況を的確に認知し、本文にある原理原則に基づいて素早く的確な判断をしてプレーしようと努めています。しかしながら、戦術的な学びやプレー経験をこれから深める子どもたちは、自分の決断に自信が持てずボールに触れることを恐れてゲームに参加していることがよく見受けられます。このような子どもたちが多くいる状況では、そこで指導する大人の言葉がけと振る舞いによって、子どもたちの成長が左右されることをご理解いただけましたら幸いです。だからといって我々大人がサッカー指導を不安に思い迷う必要はありません。これまでサッカーの経験がない方や少ない方にとっても、本書を参考に自信を持って子どもたちへの発問を増やしてみてください。子どもたちは我々の発問に対して何かの反応を示してくれるはずです。その繰り返しの中から、これまでできなかったプレーが出てきた時に、大きな称賛の声を子どもたちにかけてください。子どもたちは誰よりも我々からの称賛の声を欲しているはずですから。個人の取り組みも、チームでの成功も、子どもたちは我々の反応を心待ちにしています。このように大人も子どももそれぞれの課題と明るく真摯に向き合えた時間を想像するだけでワクワクしてきませんか。

　最後になりますが本書を手に取っていただいた方々の目の前にいる子どもたちがサッカーをみんなで楽しみ、プレーが思い通りにいかない時にも、我々の寄り添う指導で子どもたちをより良い方向に導いていきましょう。いつの日か皆さまとお会いして教育やサッカー指導のお話ができることを著者一同、楽しみにしております。

2021（令和3）年5月

菊原　伸郎

■編著者紹介

菊原　志郎　（きくはら　しろう）

中国スーパーリーグ・広州城足球倶楽部（広州シティ）　Head of youth coaching（ヘッドオブユースコーチング）

サッカー元日本代表 MF

元 J リーガー（ヴェルディ＆レッズ）

鈴木　直樹　（すずき　なおき）

東京学芸大学准教授　博士（教育学）

菊原　伸郎　（きくはら　のぶお）

埼玉大学准教授

フットサル元日本代表

元 J リーガー（レッズ）

安部　久貴　（あんべ　ひさたか）

北海道教育大学岩見沢校准教授　博士（教育学）

鈴木　一成　（すずき　かずなり）

愛知教育大学准教授

子どもが育つサッカー指導の「秘訣」!!
― 教育学×コーチング学のハイブリッド・マニュアル ―

2021 年 7 月 7 日　初版第 1 刷発行

■編　著　者──菊原志郎・鈴木直樹・菊原伸郎・安部久貴・鈴木一成
■発　行　者──佐藤　守
■発　行　所──株式会社 大学教育出版
　　　　　　　〒 700-0953　岡山市南区西市 855-4
　　　　　　　電話（086）244-1268　FAX（086）246-0294
■印刷製本──モリモト印刷㈱

ISBN978-4-86692-142-6